Socialismo.info

Edizione 2018
proprietà riservata

MIKOS TARSIS

STATO DI DIRITTO E IDEOLOGIA DELLA VIOLENZA

In politica la saggezza è non rispondere alle domande.
L'arte, non lasciarsele fare.

André Suarès

Nato a Milano nel 1954, laureatosi a Bologna in Filosofia nel 1977,
già docente di storia e filosofia, Mikos Tarsis (alias di Enrico Galavotti)
si è interessato per tutta la vita a due principali argomenti:
Umanesimo Laico e Socialismo Democratico, che ha trattato in homolaicus.com e che ora sta trattando in quartaricerca.it e in socialismo.info.
Ha già pubblicato *Pescatori di favole. Le mistificazioni nel vangelo di Marco*, ed. Limina Mentis; *Contro Luca. Moralismo e opportunismo nel terzo vangelo*, ed. Amazon.it; *Protagonisti dell'esegesi laica*, ed. Amazon.it; *Metodologia dell'esegesi laica*, ed. Amazon.it; *Amo Giovanni*, ed. Bibliotheka.
Per contattarlo info@homolaicus.com o info@quartaricerca.it o info@socialismo.info
Sue pubblicazioni: Lulu.com e Amazon.it

Introduzione

Forse, per uscire dalla corruzione dilagante, abbiamo bisogno di eroismo. Forse in periodi di grande crisi motivazionale, di grande mancanza di valori si può recuperare un certo senso della vita impegnandosi in azioni coraggiose, quelle che suscitano ammirazione e che inducono a una sequela imitativa.

Tuttavia nelle società antagonistiche - e la nostra certamente lo è - questa esigenza vuol dire soltanto una cosa, che è poi quella di tutte le civiltà degli ultimi seimila anni: far scoppiare una guerra (o una crociata), dimostrando in battaglia il proprio valore. Si ridiventa umani sterminando altri esseri umani, convinti di compiere la cosa più giusta. È un eroismo al negativo e soprattutto al maschile.

Se poi un paese la guerra la subisce, è ancora più facile: si diventa eroi semplicemente limitandosi a difendere la patria. In tal caso le azioni di grande coraggio possono essere alla portata di chiunque: non c'è bisogno di essere dei valorosi combattenti al fronte.

Il Reich nazista chiedeva ai propri soldati di non arretrare mai, di resistere sino all'ultimo uomo, e loro si sentivano degli eroi e apprezzavano i riconoscimenti, le premiazioni. Eppure erano soltanto degli invasori, convinti di portare ai cosiddetti "popoli senza storia" una civiltà superiore, fatta di razzismo e di tecnologia.

Ma anche ai propri soldati la Russia stalinista, attaccata da Hitler, chiedeva la stessa cosa. Soldati imperialisti si sentivano eroi esattamente come i soldati comunisti che difendevano una delle peggiori dittature della storia; con la sola differenza che i primi avevano attaccato per dominare, mentre i secondi dovevano difendersi per sopravvivere. Entrambi sparavano per uccidere ed entrambi si sentivano responsabili di una missione ch'era stata loro affidata da autorità superiori.

Gli uomini non sanno esprimere il loro eroismo se non uccidendosi. Possibile che non possa esistere un altro modo per dimostrare il proprio valore sul campo?

La Russia una volta aveva gli "eroi del lavoro", gli stakhanovisti, coloro cioè che riuscivano a compiere imprese mirabolanti nel loro ambito lavorativo, aumentando di molto l'efficienza di talune mansioni e la produttività in generale, a vantaggio dell'intera nazione. Venivano strumentalizzati dalla propaganda del regime per dimostrare che il sistema sovietico poteva reggere la concorrenza di qualunque altro sistema economico. Venivano esaltati per mistificare la realtà.

Ma eroi di questo genere non avrebbero alcun senso nell'occidente capitalista, dove, vigendo la proprietà privata dei mezzi produttivi, solo qualche ingenuo autolesionista ambirebbe al titolo di "eroe del lavoro". Infatti gli unici "eroi" che il capitale riconosce sono gli stessi imprenditori e, al massimo, i loro lacché, cioè quelli che possono vantare profitti favolosi o premi di produttività, per aver saputo ingannare al meglio una determinata clientela.

Eroismo vuol dire generosità, altruismo, spirito di sacrificio, un qualcosa di significativo che possa valere per tutti, che sia dimostrabile sulla base di determinate azioni. Eroi possono essere quelli che salvano la vita a qualcuno, specialmente se mettono a rischio la propria. A noi occidentali, così abituati al benessere e a dominare il mondo, fa un certo piacere quando un immigrato o una persona emarginata compie un gesto di eroismo o di particolare generosità nei nostri confronti, e siamo persino disposti a riconoscergli qualcosa di più di una semplice medaglia.

Invece tale medaglia o una semplice targhetta ci pare sufficiente quando a riceverla è un donatore di sangue: un vero altruista, che per tanto tempo s'è imposto uno stile di vita rigoroso, capace di resistere alle tentazioni della martellante pubblicità.

Ma questi non sono eroi che possono scuotere le fondamenta d'un sistema, che possono inaugurare una transizione costruttiva, che suscitano emulazioni di massa, anche perché le loro azioni o sono puramente casuali o restano circoscritte ad azioni specifiche.

Certo, sono eroi positivi, ma noi avremmo bisogno di qualcosa che potesse essere praticato quotidianamente e soprattutto che fosse alla portata di tutti, senza distinzioni di alcun tipo.

In tal senso non basta neppure cadere sotto i colpi della criminalità organizzata, anche perché spesso queste vittime non si rendono conto di difendere uno Stato che è l'alleato n. 1 di quella criminalità.

Dunque cos'è che può farci diventare degli eroi nella nostra vita quotidiana? Solo una cosa dà veramente fastidio al sistema: associarsi in comunità che lottino con tutte le loro forze per rendersi *indipendenti* dal mercato, recuperando tutti quei mestieri, tutte quelle attività che nel passato favorivano l'*autoconsumo*. Dobbiamo diventare eroi dell'*autogestione*.

Una volta veniva considerato molto moderno quel borghese che riusciva a vivere come se dio non esistesse. Oggi dobbiamo considerarci molto moderni se riusciamo a vivere come se tutta la realtà borghese sia per noi una gigantesca finzione.

p.s. I testi qui raccolti in maniera disordinata fanno parte di un diario personale costantemente aggiornato nel sito homolaicus.com Molti di essi fanno parte degli anni Ottanta e Novanta.

Teoria dello Stato

Perché lo Stato sociale ha il fiato corto?

"Stato sociale" oggi vuol dire molte più cose di quelle tradizionali: scuola, sanità, previdenza e assistenza; vuol dire anche amministrazione in generale, forze armate e di polizia, parlamento nazionale ed europeo, enti locali territoriali, opere pubbliche, tutela ambientale, elargizioni a fondo perduto (per le aree depresse, per le ristrutturazioni aziendali, per i partiti, per i mezzi di comunicazione, ultimamente persino per le banche in difficoltà, ecc.). Qualunque cosa oggi beneficia dello "Stato sociale", che è diventato il maggior sfruttatore di plusvalore lavorativo a livello nazionale. Lo è sostanzialmente attraverso le tasse-capestro (in quanto arrivano anche alla metà del reddito) e attraverso l'emissione di titoli che lo indebitano all'inverosimile, e fino al 1993 (anno della chiusura del Ministero delle Partecipazioni Statali) attraverso le proprie cosiddette "partecipazioni" a società per azioni, che si rivelò un totale fallimento (per non parlare di molte delle privatizzazioni che ne seguirono).

Essendo tutto rigorosamente centralizzato, è impossibile, per il comune cittadino, sapere quanto delle proprie tasse finisce per sostenere istruzione, salute, cassa integrazione e pensioni, e quanto invece finisce per sostenere tutto il resto: tra "Stato fiscale" e "Stato sociale" è ormai impossibile fare la differenza.

Per far funzionare tutte queste cose, si devono imporre molte tasse, soprattutto ai dipendenti pubblici, che non possono evaderle. Con la scusa delle ingenti tasse per i cosiddetti "servizi sociali nazionali", lo Stato in realtà mantiene una pletora di servizi che di "sociale" non hanno nulla, poiché fanno gli interessi solo delle classi egemoni. Qualunque finanziamento pubblico oggi andrebbe rimesso in discussione.

Il primo Stato sociale fu inventato in Grecia, al tempo di Pericle, proprio nel momento in cui i Greci si stavano godendo la vittoria militare contro l'impero persiano. Atene, con la sua Lega di Delo, aveva intenzione di spadroneggiare su tutto il Mediterraneo, inclusa quindi la città che più l'aveva aiutata nella guerra: Sparta.

Per avere delle finanze da gestire, Pericle s'inventò un'idea originale: tutti i cittadini dovevano versare un'indennità per permettere ad altri, privi di mezzi o non disposti a perdere i loro guadagni, di partecipare alla politica e alla gestione della cosa pubblica. Si partì insomma da un'esigenza che apparentemente sembrava giusta, per volgerla contro gli interessi delle categorie più deboli e cercare di fondare l'impero.

Infatti le ambizioni delle classi egemoni ateniesi furono pagate da una guerra interminabile (e dal risultato catastrofico) contro Sparta, dal ritorno in auge della potenza persiana e dall'invasione dell'esercito macedone di Alessandro il Grande, che pose fine alla tradizionale democrazia della polis. Poi fu la volta dei Romani e la Grecia non si riprese più.

Prima di istituire lo "Stato sociale" la tendenza era stata quella di permettere ai ricchi di campare di rendita, sfruttando al massimo i poveri, ch'erano gli unici a lavorare e a pagare le tasse. Con lo Stato sociale invece tutti devono pagare qualcosa, ma i "poveri" pagano due volte: ai privati che li sfruttano con salari da fame e ora anche allo Stato, che impone tasse su qualunque cosa. Lo "Stato sociale" non è che uno "Stato fiscale" che finge d'essere democratico.

Il fatto che i ricchi, di qualunque paese al mondo, abbiano sempre pensato di non dover mai pagare alcuna tassa e che per i servizi sociali i poveri debbano arrangiarsi da soli, appariva così incontestabile che dai tempi dei Greci ad oggi ci sono voluti due millenni e mezzo prima che qualcuno lo mettesse in discussione.

Oggi si torna a ridiscutere l'idea di "Stato sociale" proprio perché i ricchi non vogliono pagare le tasse, cioè non vogliono che i poveri possano beneficiare di una parte delle loro tasse. Chi lavora - così dicono p.es. negli Stati Uniti - si deve organizzare per conto proprio (attraverso assicurazioni private).

Anche Marx era contrario all'istituzione dello Stato sociale, ma per motivi opposti: non voleva che il proletariato, con le proprie tasse, dovesse pagare l'istruzione ai figli della borghesia. Lo Stato, per lui, era lo strumento più pericoloso nelle mani della borghesia. Ed in effetti è accaduto proprio così: con lo Stato sociale i poveri pagano una parte delle spese dell'assistenza, della sanità, ecc. a chi non ne avrebbe alcun bisogno.

Il socialismo, ben prima della nascita dello Stato sociale, aveva saputo, in occidente, organizzarsi in maniera autonoma attraverso le associazioni dei lavoratori, che volevano tutelarsi nei casi di bisogno, proprio perché non esisteva alcuno Stato che avesse una funzione "sociale".

Fino alla prima guerra mondiale lo Stato estorceva solo tasse, chiamava alla leva e favoriva le imprese private, e ovviamente gestiva l'ordine pubblico e le guerre. Se era forte, aiutava gli imprenditori a colonizzare i paesi non industrializzati.

L'esigenza di allestire una sorta di "Stato sociale" venne fatta propria, in un certo senso, anche dal fascismo, il cui Stato corporativo chiedeva ai cittadini, per poter beneficiare di determinati servizi, un'adesione di tipo ideologico.

In epoca moderna, esattamente nel 1948, il primo paese a realizzare il *Welfare State* è stata la Svezia, che garantiva a tutti, gratuitamente, alcuni servizi essenziali: sanità, istruzione, indennità di disoccupazione, pensione d'invalidità, accesso alla cultura, difesa dell'ambiente naturale... Non garantiva il pagamento dei servizi essenziali per poter vivere: elettricità, riscaldamento, rifornimento idrico..., né un lavoro e neppure una proprietà rurale sufficiente per campare. Il sistema di tassazione era ovviamente pesante rispetto al reddito, e lo è ancora. Solo che questo modello, che voleva porsi in alternativa allo Stato sociale di tipo sovietico e che ha funzionato bene finché l'economia capitalistica mondiale è stata in crescita, oggi è in crisi.

Oggi tutti gli "Stati sociali" del mondo sono enormemente indebitati. Il motivo principale di questo non sta nel fatto che le tasse non sono sufficienti a coprire i bisogni, ma nel fatto che uno "Stato sociale" gestito dalla borghesia, che non vuole controlli sul proprio operato, diventa un'occasione imperdibile per compiere qualunque tipo di abuso.

Tutti "sfruttano" lo Stato sociale, anche quelli che evadono o eludono il fisco. È "sociale" per tutti, ricchi e poveri, ma soprattutto per chi ha più "mezzi". È un'arma potente per chi vuole arricchirsi e un'elemosina per chi paga ingenti tasse sul proprio reddito.

Lo Stato sociale non è nato per fare distinzioni a favore dei ceti marginali, ma per creare l'illusione di un'eguaglianza sociale generale, e quando questo Stato pseudo-socialista viene sfruttato da chi non ne avrebbe alcun bisogno, ciò viene sopportato con rassegnazione, a condizione che si abbia almeno un pezzo di pane da mangiare e un tetto sotto cui dormire.

Oggi lo Stato sociale ha il fiato corto per una serie di ragioni:
1. è rimasto centralista, soggetto a una grande corruzione, non potendo essere tenuto sotto controllo dalla società civile;
2. ha usato il debito pubblico come strumento di consenso e di gestione della propria amministrazione (burocrazia, scuola, sanità, Rai, enti locali ecc.) e questo debito oggi è colossale, un'enorme ipoteca per le generazioni future; non solo, ma per poterlo sostenere, lo Stato è costretto a fare ulteriori debiti, vendendo titoli al portatore, i cui interessi da pagare gli impediscono di fare gli investimenti che vorrebbe;

3. è uno Stato "sociale" nel momento in cui esige le tasse da parte di quei cittadini che non possono evaderle, ma resta uno Stato "privato" quando favorisce quei cittadini che possono evadere il fisco o che addirittura possono fruire di pubbliche agevolazioni per la propria attività (politici, imprenditori, giornalisti, istituti di credito, militari, chiesa...).

Uno Stato del genere, in questo sistema, è irriformabile, è democraticamente ingestibile, in quanto fonte permanente di corruzione. L'alternativa è solo una: *l'autonomia della società civile*, che si *autogestisce* attraverso le proprie *realtà locali*, provvedendo in maniera indipendente alle proprie necessità.

Occorre creare delle comunità in grado di auto-organizzarsi nelle proprie necessità vitali e che facciano capo al principale ente locale: il *Comune*, che deve diventare una realtà indipendente dallo Stato (come nel Medioevo i Comuni volevano essere indipendenti dagli imperatori e dai pontefici).

Le tasse dei cittadini devono restare nel territorio locale che produce reddito, a disposizione dei cittadini che le pagano. Tutto quanto esula dalle competenze del singolo Comune deve essere soggetto a una trattativa pattizia, da stabilirsi di volta in volta. I Comuni e le Associazioni di Comuni devono diventare l'alternativa allo Stato e al suo principale organo di controllo locale: la Provincia.

Le Regioni vanno decise dalle Associazioni dei Comuni. La regola politica fondamentale dovrebbe comunque essere questa: quanto più ci si allontana dalla realtà locale, tanto meno ampi o forti devono essere i poteri, a meno che non fruiscano di una delega temporanea.

Naturalmente ci si dovrà porre la domanda di cosa fare del debito pubblico. È cioè meglio dichiarare bancarotta e ricominciare tutto da capo (ripensando ovviamente i criteri di vita responsabili dell'indebitamento colossale), oppure è meglio ripartire il debito in maniera equa tra le comunità locali, le quali, una volta ottenuta l'autonomia fiscale dallo Stato, se lo pagheranno per conto proprio, sino all'ultimo centesimo?

L'estinzione dello Stato

Il socialismo occidentale spesso si è vantato di non essere caduto nelle aberrazioni del "socialismo reale", mostrando d'aver capito in anticipo che il socialismo, per essere democratico, deve avvalersi delle conquiste giuspolitiche della democrazia borghese (che è però "formale" per sua natura). In tal modo si è creduto e si è fatto credere che la transizione dal capitalismo al socialismo doveva necessariamente avvenire in maniera pacifica, non-violenta, senza traumi di sorta... Come se a priori si potesse stabilire una cosa del genere! Si è cioè sperato che la borghesia giungesse alla consapevolezza delle proprie contraddizioni e si facesse da parte spontaneamente, consegnando le chiavi del potere alle forze di opposizione. Si è insomma avuto l'ardire di criticare il "presente" del socialismo in nome del suo "futuro", l'essere in nome del dover-essere.

Già l'Ottobre, in verità, aveva evidenziato la precarietà di queste posizioni. Che cosa fu la rivoluzione bolscevica se non il tentativo di dimostrare che in una società dominata dall'oppressione, le classi che la subiscono non possono coltivare a lungo l'illusione di poterla sopportare?

Il fatto è purtroppo che, puntando più sulla centralizzazione e meno sulla democratizzazione, ad un certo punto la rivoluzione ha impedito che la verità affermata sull'estinzione dello Stato potesse realizzarsi in modo adeguato. L'ultimo Lenin comprese sì la necessità del decentramento e dell'autogestione, ma ai fini del rafforzamento dello Stato, non della sua scomparsa progressiva. In questo, certo, egli era condizionato da un mare di problemi: l'arretratezza economica della società e culturale delle masse, l'interventismo straniero, la guerra civile... Era facile in quei momenti pensare che la controrivoluzione sarebbe stata meglio combattuta col centralismo che non con la democrazia.

Meno giustificazioni ebbe lo stalinismo, che finì col distruggere tutta l'esperienza dei Soviet, la Nep e qualsiasi forma di decentramento e di autogestione. Reagendo poi allo stalinismo e alla successiva stagnazione, la *perestrojka* ha avuto l'occasione di comprendere che la vera, profonda, libertà è quella che si vive in maniera *sociale*, nell'ambito dei rapporti umani, in un contesto in cui l'antagonismo dovuto alle differenze di classe, di ceto o di proprietà sia risolto non solo politicamente, ma anche *socialmente*.

Il primo passo è certamente quello della rivoluzione politica, altrimenti l'edificio dei nuovi rapporti sociali è impossibile costruirlo. E una rivoluzione politica ha bisogno di una strategia. La spontaneità della transizione è un criterio che può essere accettato in via di fatto: in fondo, tutte le opposizioni a un sistema oppressivo nascono spontaneamente. Ma non la si può accettare come *metodo*, poiché così nessun sistema oppressivo è mai stato e mai verrà vinto.

La spontaneità, al massimo, la si può accettare, come metodo, dopo che la rivoluzione politica è stata compiuta, dopo che la democrazia sociale messa in atto ha raggiunto una certa maturità, dopo che la responsabilità delle masse, che sentono il collettivo come parte integrante della loro vita, appare come garanzia sufficiente contro il ritorno ai vecchi sistemi. Ma perché questa maturità si formi occorre tempo, molto tempo.

Oggi il compito che attende la sinistra è quello di organizzare un'opposizione consapevole al sistema politico ed economico di questa società capitalistica, che abbia come *metodo* l'affronto delle contraddizioni a livello *locale* (per costruire e strutturare il consenso), e come *fine* l'edificazione di una società *autogestita*, in cui il livello *locale-regionale* abbia un primato funzionale, operativo, su quello centrale-nazionale.

In questo senso, un partito che lotta per la transizione, non può essere semplicemente un'organizzazione politica, dev'essere anche uno strumento di promozione dei diritti umani, della cultura, dei rapporti sociali, dell'ambiente... Non nel senso che il partito deve gestire in proprio queste cose, ma nel senso ch'esso deve promuoverle, stimolarle, o raccordarle, se già ci sono.

La democrazia non può più essere intesa solo in senso politico, come spazio da rivendicare per garantire il rispetto di determinati diritti. Essa va intesa in senso globale, complessivo, per il recupero di un'identità perduta e non solo di un diritto violato. E ognuno si rende conto da sé che per recuperare tale identità occorrono anche i livelli sociale e culturale, oltre a quello politico, ovvero la valorizzazione delle risorse naturali, la tutela delle minoranze etniche, la cultura della diversità, la lotta contro il consumismo e tante altre cose non meno importanti.

Il nuovo soggetto democratico e socialista, nel volere l'estinzione dello Stato, non va a cercare dei mezzi efficaci, a livello giuspolitico, validi di per sé, per cercare d'impedire, con sicurezza, che in futuro si ripresenti la violazione della legalità: non esiste alcuna possibilità d'impedire *ope legis* una tale violazione, né, tanto meno, servendosi di mezzi repressivi e polizieschi.

*

Ognuno deve potersi sentire responsabile delle proprie azioni e deve rendere conto alla collettività di ciò che dice e di ciò che fa. In questo senso la fine dello Stato sociale è giusta, perché in tale fisionomia del bene pubblico il cittadino si sente come deprivato della propria libertà di scelta, cioè abituato ad attendere dalle istituzioni la soluzione dei suoi problemi.

Tuttavia, come spesso succede quando si cerca di eliminare un male con una nuova medicina, si rischia di fraintendere le modalità del risanamento generale. Parlare infatti di autonomia, autogestione, decentramento, federalismo e cose del genere, può avere un senso positivo per tutta la collettività soltanto se si offre concretamente a ogni cittadino la possibilità di partecipare direttamente alla gestione della cosa pubblica.

Noi dobbiamo sì desiderare la fine dell'assistenzialismo, la fine della delega alle istituzioni, la fine della statalizzazione della vita sociale, civile, politica, economica e culturale della nazione, ma dobbiamo anche desiderare l'inizio di una nuova vita pubblica e collettiva, democratica e partecipata, onde impedire che si affermi, senza più alcun controllo, il principio borghese della libera iniziativa privata, che porta a considerare il proprio simile solo in veste di concorrente o di oggetto da sfruttare.

Ogni forma di sana competizione non può prescindere dal principio generale secondo cui ognuno ha diritto a un'esistenza dignitosa. E non si può sostenere, in presenza di un sistema basato sui monopoli, che se uno non riesce a vivere un'esistenza del genere, la responsabilità ricade solo su di lui.

Per superare il principio *homo homini lupus*, occorre che ogni individuo venga posto nella condizione di poter gestire liberamente la propria vita, nel rispetto delle condizioni di vita della comunità cui appartiene, controllando che la vita degli altri non diventi un ostacolo all'esercizio della propria libertà. Questo lavoro di reciproco controllo non può essere fatto da un ente *super partes*.

Ovviamente non esiste una definizione astratta di libertà, essendo essa una conquista incessante. È nel concreto infatti che gli uomini devono cercare le condizioni per cui la libertà di uno sia in grado di favorire la libertà altrui.

Quando non si capisce questo elementare principio, spesso si va incontro a catastrofi d'incalcolabile portata: le stesse rivoluzioni sociali e politiche, che sorgono sempre come risposta all'egoismo di pochi sfruttatori, portano con sé sofferenze e lutti a non finire.

*

Lo smantellamento del *Welfare State* nell'economia e nei servizi (sanità, scuola...) e in altri settori dell'economia, di per sé non è un processo negativo, poiché esso potrebbe anche significare che le masse hanno raggiunto la maturità sufficiente per cominciare ad *autogovernarsi*.

La realtà purtroppo è un'altra. Da un lato lo Stato afferma la logica del "più mercato" perché nel campo dei servizi sociali si trova ad essere fortemente deficitario. È impossibile infatti che in un sistema sociale capitalistico possa sopravvivere a lungo uno Stato con delle caratteristiche che fino a ieri si potevano riscontrare solo nei paesi del "socialismo reale". Lo Stato sociale ha avuto senso dietro la spinta del '68, ma non è mai stato nell'interesse della borghesia tutelare le conquiste dei lavoratori. Peraltro, col fallimento del "socialismo reale", uno Stato "sociale" oggi ha molte meno ragioni d'esistere.

Dall'altro lato però se in un paese capitalista lo Stato rinuncia alle sue funzioni sociali, non si deve pensare che ciò andrà a beneficio di quelle masse popolari più consapevoli, disposte ad autogestirsi, ma andrà a beneficio di quei gruppi sociali privilegiati, con redditi medio-alti, protetti dalle stesse istituzioni statali. Non a caso, soltanto una parte di Stato si sta smantellando, quella relativa ai servizi sociali, non certo quella burocratica, fiscale, poliziesca e militare, che anzi sta diventando sempre più forte.

A quale futuro stiamo andando incontro? Soltanto i popoli che meno sono stati abituati a credere nel valore delle istituzioni statali borghesi, i popoli che meno hanno subìto l'illusione di ritenere le istituzioni borghesi le più democratiche del mondo, saranno coloro che meglio riusciranno ad affermare i valori della democrazia e dell'autogoverno locale. In occidente le classi e i ceti privilegiati faranno di tutto per conservare il loro potere.

Stato e nazione

Il concetto di nazione va superato insieme a quello di Stato.

La nazione, come entità geopolitica, è sempre stata usata in funzione degli interessi dello Stato politico, anche se non è neppure il caso di paragonare la complessità di una nazione con lo schematismo unilaterale dello Stato.

Oggi sono due gli obiettivi da realizzare: 1. la *democrazia diretta*, e questo è possibile solo a livello *locale*; 2. il *villaggio globale*, cioè la possibilità di eliminare qualunque barriera possa dividere gli uomini di tutto il mondo.

Dobbiamo da un lato essere protagonisti attivi del nostro destino e, dall'altro, aperti al mondo intero. Senza deleghe in bianco.

Un rapporto di fiducia tra Stato e società

Non deve forse essere considerato assurdo il fatto che in nome di un ente astratto: lo Stato, il potere politico (di governo e di opposizione) abbia fatto uccidere una persona concreta: Aldo Moro?

E non è forse assurdo il fatto che, in nome della stessa ragion di stato, si debba ogni volta rischiare che i sequestratori di persona uccidano i loro ostaggi?

Lo Stato affronta la criminalità organizzata aumentando le pene, le restrizioni, le forze dell'ordine, i controlli... Ma quando una persona è sotto sequestro, lo Stato non dovrebbe forse fare di tutto per liberarla senza metterne in pericolo la vita? Perché congelarne i beni o quelli dei parenti? Dovrebbe essere lo stesso Stato a farsi carico della trattativa!

Che problemi avrebbe uno Stato democratico se dopo aver pagato il riscatto, creasse le condizioni per un'autentica democrazia sociale? In presenza di questa democrazia non sarebbe forse più difficile il ripetersi dei sequestri? E se anche si dovesse ripetere un altro sequestro, non sarebbero forse gli stessi cittadini a consegnare i colpevoli? Il fatto è che lo Stato, facendo gli interessi di una classe sociale particolare: la borghesia, è incapace di avere un rapporto di fiducia coi propri cittadini.

Società civile e Stato

L'idea di volere più società civile e meno Stato di per sé non è sbagliata. Generalmente infatti chi preferisce lo Stato è un idealista astratto, cioè uno scettico sulle possibilità che la gente comune ha di vivere la democrazia sociale. È un idealista nel senso che ritiene possibile l'esistenza di qualcosa che obblighi i cittadini a essere democratici senza ledere i loro diritti. Il che è una contraddizione in termini, in quanto uno Stato che "garantisce" la democrazia è uno Stato che necessariamente la nega.

A un ente astratto, impersonale, falsamente oggettivo, in nome del quale si possono compiere crimini (vedi p.es. la pena di morte o la cosiddetta "strategia della tensione") e abusi a non finire (corruzione e concussione), nella convinzione di poter restare impuniti, perché sottratti ad ogni controllo popolare, è sempre preferibile una compagine concreta, fatta di cittadini reali e di situazioni contraddittorie, tali per cui non sia possibile nascondersi dietro il paravento delle istituzioni, delegando ad altri i motivi del cattivo uso della propria libertà.

Chi predica uno Stato interclassista o *super partes* inganna l'opinione pubblica, che ne sia cosciente o no. La vera obiettività sta nelle scelte che si compiono a favore dei bisogni della collettività.

Tuttavia, per poter realizzare un'alternativa efficace allo statalismo, occorre che la società civile sia fortemente organizzata. L'estinzione dello Stato può essere solo un processo graduale, in rapporto allo sviluppo della democrazia sociale.

Nello svolgimento del processo bisogna però essere chiari sin dall'inizio, poiché non ha alcun senso rivendicare l'autonomia socio-economica della società garantendo nel contempo allo Stato la centralità politico-istituzionale e militare. Quando si pretende la realizzazione dell'*autonomia*, occorre farlo in maniera *globale*, ancorché *locale*, investendo ogni aspetto delle attività umane.

Chiedere allo Stato di farsi da parte per permettere alle forze sociali di poter competere senza regole e senza controlli, significa rivendicare l'autonomia non per costruire ma per distruggere.

La concorrenza di per sé non è un valore, meno che mai se la sua applicazione comporta delle conseguenze drammatiche per chi non sa reggerla. Come non è un valore in sé il monopolio, poiché se esso può limitare i danni della concorrenza, può causarne altri ancora maggiori, come p.es. il conformismo di massa, il rafforzamento del militarismo ecc.

Il problema non si risolve neppure cercando di conciliare monopolio e concorrenza, poiché essi, presi singolarmente, non sono che due facce di una stessa medaglia: nel senso che non è mai possibile stabilire a priori quale dei due regimi sia migliore. In genere l'uno si afferma quando l'altro, nel suo affermarsi, ha procurato situazioni disastrose. È la stessa logica del capitale a rendere la scelta fra monopolio e concorrenza un falso problema.

Torniamo a Rousseau

Lo Stato dev'essere subordinato alla società, il legislatore deve conformarsi alla volontà del popolo. Non solo, ma il popolo deve diventare legislatore di se stesso, e ciò è possibile solo a livello *locale*, perché solo a questo livello è possibile una democrazia *diretta*, piena, sostanziale e non formale, cioè non delegata a rappresentanti che vivono lontani dalla realtà quotidiana, che non possono oggettivamente avere il polso della situazione. La democrazia è reale quando può essere posta sotto controllo quotidiano dagli stessi cittadini che la gestiscono.

Vanno superati i concetti di Stato e di nazione, persino i concetti di istituzione (che è strettamente legato a quello di burocrazia) e di rappresentanza parlamentare, se s'intende con questo termine un governo centrale che impone le proprie leggi alle comunità locali, rendendo così la democrazia un qualcosa del tutto formale.

Qualsiasi tentativo di democratizzare la società civile, senza mettere in discussione i concetti di Stato, nazione, istituzione e governo parlamentare centralizzato, è destinato a fallire, perché col tempo tende a svuotarsi di contenuto, non avendo la forza politica per affermarsi e, di conseguenza, per modificare il sistema (si pensi, in tal senso, alla fine che hanno fatto il decentramento regionale, i consigli di quartiere o di circoscrizione dei Comuni, i Decreti Delegati per le scuole statali ecc.).

Non è più sufficiente la "buona volontà" per risolvere la corruzione, il degrado, l'inefficienza... Non basta più neppure la decisione di sostituire i "corrotti e corruttori" con uomini di "provata virtù". Infatti, dopo un certo periodo di risanamento, si finisce col ricadere inevitabilmente nei mali di sempre. Da questo punto di vista fanno bene coloro che propongono di considerare la corruzione un elemento strutturale del sistema. Ma fanno bene "al negativo".

È il sistema in quanto tale che non funziona e non singoli suoi aspetti o settori; e funziona così male che praticamente qualunque volontà positiva dei politici finisce col realizzare obiettivi opposti a quelli voluti.

Torniamo dunque a Rousseau, ma passando per i principi della *perestrojka*, che umanizzano e democraticizzano l'idea di socialismo. La democrazia di Rousseau non potrà mai realizzarsi senza l'esperienza rivoluzionaria insegnata da Lenin e non potrà mai sussistere senza l'esperienza democratica insegnata dalla *perestrojka*.

Rousseau era un ingenuo, poiché pensava che una società divisa in classi potesse trasformarsi progressivamente nel suo contrario, ma aveva capito che senza la *sovranità popolare diretta* (quale ad es. si costituì con i "soviet") non c'è alcuna vera democrazia.

La crisi dello Stato borghese

Quando uno Stato s'indebolisce a causa di incessanti guerre di classe (sociali o civili), la situazione della società di quello Stato è paradossalmente più favorevole allo sviluppo della democrazia di quanto sembri.

Normalmente infatti si pensa che uno Stato debole, in preda a guerre intestine, non possa assolutamente conoscere la democrazia. E, così dicendo, si fa arbitrariamente coincidere "democrazia" e "Stato forte".

In realtà uno "Stato forte" è per sua stessa natura profondamente "antidemocratico". In tal senso ogni sua crisi interna (specie se strutturale) va vista favorevolmente, anche se in una situazione del genere è facile che emergano forze favorevoli al "bonapartismo".

Di regola gli sbocchi alla crisi di uno Stato sono due, in politica interna: 1) si rafforzano elementi reazionari in grado di trasformare la "debolezza" dello Stato in una forma di pericolosa aggressività (anche nei confronti degli Stati limitrofi); 2) emergono le forze sane del Paese, che sanno difendere, anche con l'uso delle armi, se occorre, i valori della libertà e della giustizia sociale.

Non è assolutamente vero che uno Stato in crisi diventa tanto più facilmente autoritario quanto più forti sono i tentativi delle forze progressiste di affermare la democrazia. È vero anzi il contrario: più le forze democratiche sono deboli e più quelle reazionarie si sentiranno autorizzate a usare metodi autoritari. La crisi dello Stato borghese infatti è endogena, non dipende dalle forze progressive (le quali anzi, generalmente, costituiscono la base su cui edificare la nuova società).

Ha senso lo Stato nella transizione al socialismo?

La storia ci dice che il socialismo ha qualche speranza d'affermarsi solo in coincidenza di catastrofi epocali, come p.es. le guerre. Là dove non vi riesce, o non vi riesce in forma adeguatamente democratica, tornano inevitabilmente in auge i rapporti antagonistici, nel senso che le società divise in classi, dopo un certo momento di sbandamento, sono in grado di riorganizzarsi e di riprendere il cammino là dove gli eventi l'avevano interrotto, salvo introdurre variazioni di forma, onde salvaguardare la sostanza dello sfruttamento.

Non esiste alcun processo "naturale" dal capitalismo al socialismo, come non è mai esistita alcuna inevitabilità dal comunismo primitivo allo schiavismo. Moltissimo dipende dalla *volontà* degli uomini, che devono saper approfittare delle circostanze per affermare i loro progetti alternativi, i quali, a loro volta, solo le circostanze diranno se erano davvero favorevoli agli interessi delle masse, oppure no.

Questa è stata la lezione del leninismo, che riuscì a imporsi proprio grazie alla catastrofe della I guerra mondiale, trasformando il conflitto contro un nemico esterno (i tedeschi) in una guerra civile tra nemici interni (russi). Lenin non dovette combattere solo contro lo zarismo, ma anche contro i marxisti che ritenevano impossibile una transizione dal feudalesimo al socialismo saltando la fase del capitalismo.

Egli riuscì ad avere la geniale intuizione che se la struttura economica determina in maniera irreversibile la sovrastruttura politica, non avrebbe mai potuto esserci alcuna rivoluzione comunista. Il rapporto tra economia e politica doveva basarsi sul reciproco condizionamento. La frase che Marx aveva detto in *Per la critica dell'economia politica* (1859): "Una formazione sociale non perisce finché non si siano sviluppate tutte le forze produttive a cui può dare corso; nuovi e superiori rapporti di produzione non subentrano mai, prima che siano maturate in seno alla vecchia società le condizioni materiali della loro esistenza", era la frase di un uomo politicamente sconfitto dalla rivoluzione del 1848.

Il fatto che oggi la Russia sia diventata capitalistica non vanifica la giustezza del ragionamento anti-deterministico di Lenin. Oggi, in questo immenso paese, esiste il capitalismo semplicemente perché non si è avuta la sufficiente volontà per trasformare il socialismo autoritario, di matrice stalinista, in quel socialismo democratico che Gorbaciov, ampliando e approfondendo il tentativo abortito di Krusciov, era riuscito a inaugurare. Il mezzo secolo di dittatura non poteva non comportare effetti gravissimi sul senso della democrazia partecipata.

Questo per dire due cose:

1. anche la migliore impostazione del tipo di edificazione del socialismo, quale sicuramente era quella leninista rispetto alle altre di quel tempo (da quelle utopistiche a quella della Comune), non offre alcuna garanzia circa la sua sopravvivenza, proprio perché non esiste alcuna condizione oggettiva che possa impedire alla libertà umana di negare alle proprie esperienze storiche il loro valore positivo;

2. i comunisti che vogliono "rovesciare" l'esistente dovrebbero impegnarsi a predisporre la popolazione ad attendere l'arrivo dei momenti cruciali della storia. Per poterlo fare, non ha senso mantenersi separati dalla società, nella convinzione di poter conservare meglio la purezza dei propri ideali. Bisogna anzi rinunciare ad anteporre la previa accettazione di dottrine astratte all'affronto quotidiano delle contraddizioni sociali. Bisogna persino accettare il rischio di cadere nell'opportunismo, pur di non perdere il contatto con le masse.

È evidente infatti che finché esiste la *proprietà privata*, la corruzione delle idee e dei comportamenti è sempre possibile. L'uomo può corrompersi sempre, anche in presenza di una proprietà *sociale* dei mezzi produttivi: semmai, in tal caso, vi sono minori possibilità. Lo stalinismo ha addirittura dimostrato che tale corruzione è certa anche là dove la proprietà viene completamente *statalizzata*. Ma sarebbe peggio se, per timore di questa corruzione, ci si rinchiudesse in una politica attendista, da guarnigione assediata, che con un binocolo osserva, molto preoccupata, fingendo ostentata indifferenza, i movimenti di un nemico molto più forte.

Quali aspettative può offrire di realizzare in futuro la democrazia quel movimento che oggi teme il dissenso, si trincera dietro una presunta purezza ideologica, dietro una coerenza che, in ultima istanza, è solo formale? Chi pretende di autogestirsi, in maniera autoreferenziale, in attesa del "crollo", somiglia a una di quelle comunità monastiche che, al tempo dei primi compromessi politici tra chiesa e impero, preferiva ritirarsi nel deserto.

Stato e masse di fronte alla proprietà

La domanda cui qui si vuol cercare di dare una risposta è la seguente: per poter affermare la proprietà *sociale* dei mezzi produttivi bisogna necessariamente passare attraverso lo Stato? Se sì, in che misura e fino a che punto? Non è, per caso, che l'importanza attribuita da Marx ed Engels al ruolo dello Stato, nella prima fase di transizione al socialismo, rifletteva in realtà una certa sfiducia nelle capacità organizzative delle masse?

Secondo loro lo Stato era inizialmente indispensabile proprio perché permetteva di regolamentare non solo la gestione collettiva della produzione (almeno finché la società non fosse in grado di autogestirsi), ma anche una difesa contro chi, dall'interno, vorrebbe fermare la storia. Inoltre, finché esistono Stati stranieri che possono e vogliono distruggere il socialismo costruito all'interno di una nazione, è impossibile fare a meno dello Stato, che garantisce facilmente la centralizzazione del comando politico-militare. L'assenza di una direzione operativa centrale non fu forse fatale per le sorti del socialismo durante la guerra civile spagnola?

Ebbene, questo modo di vedere le cose, alla luce di quanto è accaduto al cosiddetto "socialismo reale", va considerato soggetto necessariamente ad alcune rettifiche. Infatti, quello che si deve evitare, a rivoluzione compiuta o nelle prime fasi della transizione, è la tendenza, che ad un certo punto diventa inarrestabile, a burocratizzare il socialismo.

Non è sufficiente sapere che lo Stato è destinato, prima o poi, a estinguersi, né che occorre un centralismo operativo nei momenti in cui le conquiste rivoluzionarie appaiono più instabili, più minacciate da resistenze esterne. Il compito principale del socialismo è quello di dimostrare la propria capacità democratica non solo nei brevi momenti dei conflitti bellici, ma anche e soprattutto nei lunghi momenti di pacifica e civile convivenza.

Non si tratta soltanto di saper difendere le proprie posizioni dagli attacchi di nemici esterni o di collaborazionisti interni, ma anche di saper costruire una *gestione democratica dei bisogni collettivi*. Se non si è capaci di fare questa seconda cosa, non si saprà fare in maniera adeguata neanche la prima. Non a caso la forza dell'autoritarismo stalinista, responsabile di inumane purghe politiche (e persino militari), svanì improvvisamente come neve al sole nei primi mesi dell'attacco proditorio dei nazisti.

Anzi, col pretesto di dover garantire ordine e sicurezza, si finirà col negare qualunque valore alla democrazia. Questa la tristissima lezione dello stalinismo, che, a tale proposito, arrivò ad affermare che quanto più si sviluppa il socialismo, tanto più si rafforza la volontà di chi vuole distruggerlo. In tal modo Stalin (e la sua cricca) manteneva forte la necessità di una direzione centralizzata del socialismo, il quale, inevitabilmente, veniva a configurarsi come una forma burocratica e autoritaria di "socialismo di stato".

Gli effetti pratico-negativi di questo tipo di socialismo sono stati di molto superiori a quelli, teorico-positivi, che pur, con non meno evidenza, si potevano constatare mettendo a confronto le idee democratiche del socialismo con le contraddizioni antagonistiche del capitalismo. La Russia "socialista" non vinse la guerra contro i nazisti grazie allo stalinismo, ma nonostante questa aberrazione storica, che, ben prima del 1941, aveva già fatto sparire dalla circolazione tutta quella generazione di comunisti che aveva partecipato attivamente alla rivoluzione bolscevica. Era lo stalinismo stesso che si creava continuamente i propri nemici interni, che poi sfruttava per dimostrare, in uno dei circoli più viziosi della storia, che la dittatura era necessaria. Resta tuttavia indubbio che fino a quando non saranno risolti gli irriducibili conflitti sociali, le idee del socialismo continueranno a sussistere, anche se potranno attingere sempre meno a uno stile di vita pre-classista.

Oggi è diventato sufficientemente chiaro che non ha alcun senso sostenere il socialismo nel momento stesso in cui si nega la democrazia, anche se nella Russia di Eltsin e di Putin, col pretesto di voler affermare la democrazia, s'è finito col negare qualunque valore al socialismo.

Oltre lo Stato

L'accentuazione eccessiva dell'importanza dello Stato pare essere il riflesso di una sfiducia nelle capacità auto-organizzative delle masse. Gli uomini devono liberarsi da soli delle loro contraddizioni antagonistiche, non possono aspettare che qualcuno lo faccia per loro. Qualunque primato concesso al ruolo dello Stato finirà col deresponsabilizzare le masse. La gestione della democrazia non può essere delegata al centralismo. Oggi bisogna pensare a un modo non-statale di difendere le conquiste rivoluzionarie.

Questo non vuol dire essere contrari al "centralismo democratico", ma semplicemente che nella gestione quotidiana del bene pubblico è più importante la democrazia che il centralismo. Quest'ultimo trova la sua ragion d'essere quando è necessario coordinare gli sforzi delle varie realtà democratiche per un obiettivo specifico, quando queste realtà devono affrontare problemi comuni. Ma la regola, nelle decisioni da prendere, non può certo essere quella che va dall'alto al basso.

Il processo di smantellamento delle istituzioni statali va avviato subito dopo la rivoluzione, o comunque progressivamente, in modo che i cittadini possano sensibilmente accorgersene. Occorre realizzare quanto prima *l'autonomia produttiva delle singole realtà locali*, conservando istanze o livelli superiori soltanto per integrare i bisogni trasversali a queste stesse realtà.

I rapporti tra comunità locali indipendenti, federate tra loro, vanno fortificati attraverso scambi commerciali e culturali, patti d'amicizia, trattati di difesa bilaterali o multilaterali, convenzioni su progetti di comune interesse o di reciproco vantaggio.

Al momento dell'ingresso nazista in Russia, centinaia di villaggi vennero completamente distrutti non tanto perché erano dei "villaggi", quanto perché la dirigenza stalinista, che si riteneva invulnerabile, non li mise in stato d'allerta, non li attrezzò alla difesa, non volendo dar retta agli avvisi di un attacco imminente.

Al tempo della guerra in Vietnam, gli americani erano infinitamente superiori in mezzi offensivi, eppure furono sconfitti da una rete di comunità di villaggio organizzate militarmente. La dottrina militare sa perfettamente che è più facile difendersi che attaccare, e la riuscita dell'attacco diventa tanto più difficile quanto più si prolunga nel tempo.

Nell'America del Nord, fino a quando le tribù indiane rimasero divise tra loro, non ebbero scampo nella guerra contro gli statunitensi, ma quando arrivarono a unirsi (Lakota Sioux, Cheyenne e Arapaho), sotto il comando unificato di Toro Seduto e di Cavallo Pazzo, conseguirono una splendida vittoria a Little Big Horn.

Questo a testimonianza che una difesa armata può esser bene organizzata anche senza Stato, semplicemente attraverso un patto d'alleanza tra realtà locali autonome. L'unica condizione perché ciò riesca è quella d'incrementare, in tempo di pace, i rapporti tra queste realtà: un patto di autodifesa non può improvvisarsi sul nulla. Quanto più queste realtà restano isolate, tanto più difficile sarà trovare un'intesa contro un nemico comune. E, in ogni caso, se il nemico risulta apparentemente più forte, ciò non può essere considerato un motivo sufficiente per rinunciare all'indipendenza delle realtà locali.

È meglio essere distrutti per aver difeso la democrazia, che distruggerla dall'interno dopo aver vinto un nemico esterno. Questo infatti è ciò che accadde al socialismo autoritario russo, che dopo aver vinto la guerra contro i nazisti, continuò a perdere la pace nei confronti della democrazia.

L'autogoverno del popolo

Gli Stati moderni vennero istituiti, oltre che per motivi di "classe", dopo aver sperimentato che le forze sociali potevano produrre, attraverso scienza e tecnica, un benessere particolarmente elevato. L'organizzazione dello Stato moderno sarebbe stata impensabile in qualunque altra epoca, proprio perché nei confronti delle risorse naturali e umane non è mai esistito quell'incredibile sfruttamento cui ci ha portato la rivoluzione tecnico-scientifica e industriale del capitalismo.

Il capitalismo ha partorito un mostro che, anche contro le sue migliori intenzioni, fa sentire i cittadini alienati e impotenti (inclusi quelli che - come dice Marx - fanno della propria alienazione un motivo per dominare gli altri). E questo perché, molto semplicemente, non si riesce più ad avere un rapporto organico con il contesto locale in cui si vive: ci si sente derubati delle proprie capacità decisionali, gestionali e di controllo. Cittadini e lavoratori sanno bene infatti che fra loro e il contesto locale si frappone sempre un elemento estraneo, che vuol farla "da padrone": è lo *Stato*, che, a sua volta, tutela un altro organo esterno, non meno prevaricatore: il *mercato*.

La *perestrojka* ha tardato a comprendere il processo di autonomizzazione delle etnie, delle nazionalità e dei gruppi linguistici, religiosi ecc. Ha veduto in questo processo solo gli aspetti negativi della disgregazione, e non ha compreso ch'esso, in realtà, rappresentava solo la forma più istintiva, più irriflessa, di un altro processo, ben più vasto e imponente, che dovrà caratterizzare la democrazia nei prossimi secoli.

La stessa sinistra occidentale spesso non ha lo sguardo rivolto verso il futuro: si preoccupa dello sfascio del "socialismo reale" perché vede solo il dominio incontrastato degli Usa, oppure se ne compiace al fine di legittimare la propria rinuncia alla fuoriuscita dal capitalismo. In entrambi i casi non ci si è sforzati di comprendere in che modo la nuova mentalità della *perestrojka* potesse portare il mondo intero, e quindi anche l'occidente, verso il superamento dell'antagonismo sociale e internazionale. Molta della stessa intellighenzia sudamericana progressista sembra non aver capito che il "socialismo reale" non poteva continuare a vivere nella stagnazione solo per impedire che il conflitto Est-Ovest si trasformasse in quello Nord-Sud.

Dobbiamo in sostanza capire che solo attraverso l'*autogoverno del popolo* (inteso come gruppo sociale circoscritto, dotato di autonomia politica e capacità decisionale a tutti i livelli) è possibile superare il mito di una legge imparziale o di uno Stato di diritto, democratico. La legge ha valore nella misura in cui la elabora chi la deve applicare. Chi la deve applicare - diversamente da chi fino ad oggi si è limitato ad elaborarla - sa bene che i rapporti sociali sono sempre molto più complessi di qualunque legge. Le leggi migliori, quelle che veramente rispecchiano gli usi e i costumi di una determinata popolazione, sono - come tutti sanno - quelle "non-scritte", quelle che ci si tramanda per consuetudine, di generazione in generazione, quelle che si cambiano al cambiare dei rapporti sociali, collettivi, di tutta la popolazione, in modo lento e progressivo. Il vero diritto - diceva Marx - dev'essere "disuguale", perché deve tener conto di bisogni differenti.

Si dirà: se nell'ambito locale vigono i rapporti antagonistici (frutto ad es. di un uso privato della proprietà), è impossibile che la legge promuova la democrazia, poiché chi la elabora non sarà mai la stessa persona che la deve applicare; oppure, se si tratta della stessa persona, quella più forte (economicamente) cercherà d'imporre delle leggi la cui applicazione non leda i propri interessi.

La storia ha dimostrato, tanto all'est quanto all'ovest, che lo Stato non è in grado di superare i rapporti antagonistici. Nel "socialismo reale" lo Stato cercò di eliminarli statalizzando, con la forza, la proprietà, ma finì col riprodurli nei rapporti tra società civile e Stato, poiché lo Stato e il partito dominavano una società impotente.

La sovranità popolare

Nei paesi capitalisti - come noto - l'antagonismo della società viene protetto dallo Stato, il quale cerca di renderlo il più sopportabile possibile, onde evitare che le masse reagiscano con scioperi e manifestazioni, e cerca invece di esasperarlo, togliendosi la maschera dell'interclassismo, quando esse reagiscono con insurrezioni e rivoluzioni.

Questo cosa significa? Che se non sono le masse a distruggere i rapporti conflittuali, che alienano gli uomini e li abbruttiscono, sostituendoli con quelli pacifici, egualitari e democratici, nessuno potrà mai farlo al loro posto. Nessuno cioè potrà mai creare uno Stato così democratico o una legislazione così giusta da rendere inutile il compito delle masse. La *perestrojka* non poteva essere costruita solo dall'alto.

Ogniqualvolta il popolo si attende la propria emancipazione o liberazione da parte di forze governative o statali, di sicuro non si realizza alcuna democrazia. Uno Stato che garantisce la democrazia, *eo ipso* la viola.

Tale assunto i paesi est-europei l'hanno acquisito prima di noi, perché politicamente, nonostante tutto, erano più maturi. Ciò che ancora difetta è la *pars construens*. Ancora in effetti non si vede da parte di quelle popolazioni un'energia, una capacità autorevole, sufficiente a delegittimare progressivamente le funzioni dello Stato e del diritto. Ancora cioè non si è capaci di trarre le logiche conseguenze dal principio affermato in sede teorica, secondo cui il valore politico fondamentale dello Stato di diritto è quello della *sovranità popolare*.

Come noto, la concezione gorbacioviana dello Stato di diritto si è sviluppata in antitesi a quella retorica o demagogica di "Stato di tutto il popolo", che, a sua volta, aveva sostituito quella estrema, che lo stalinismo aveva protratto anche in tempi di pace, di "dittatura del proletariato". Dalla "dittatura sul proletariato" dello stalinismo si era passati allo "Stato di tutto il popolo" della stagnazione (che poi, in realtà, era uno "Stato *per* tutto il popolo", dove una parte dei cittadini - la cosiddetta *nomenklatura* -, aveva più diritti degli altri). Oggi si parla di "Stato di diritto" con una pretesa maggiormente realistica, imitando - sul piano dell'espressione formale - la giurisprudenza occidentale. Si afferma cioè che la legge deve essere uguale per tutti, che i diritti non vanno affermati solo sulla carta, ecc., e si aggiunge che il socialismo, a differenza del capitalismo, ha maggiori possibilità, se diventa democratico, d'essere coerente coi suoi principi.

La democrazia sociale però non avrà futuro senza il coraggio di affermare che lo Stato di diritto è tale solo se è disposto a sottostare alla *sovranità popolare*, fino al punto in cui deve accettare l'idea di una sua progressiva estinzione. Oggi infatti siamo arrivati al punto che un decentramento ha senso solo se contemporaneamente si ha un progressivo esautoramento delle funzioni statali, parlamentari e del governo centrale, a vantaggio dei livelli regionali e locali. Questo vale tanto all'est quanto all'ovest.

Quando Lenin, e prima di lui Engels, dicevano che lo Stato socialista deve estinguersi, in quanto non può essere abolito a colpi di decreti e meno che mai può esserlo finché esiste l'antagonismo sociale, sostenevano, in pratica, il primato della *società civile* (dando per scontato, *naturaliter*, ch'essa fosse già socialista).

Oggi inoltre sappiamo che la fine dello Stato o del diritto non può essere neppure la "logica" conseguenza di una rivoluzione politica, come si credette l'indomani dell'Ottobre. I bolscevichi hanno pagato cara l'illusione di credere che fosse sufficiente una rivoluzione politica per garantire la libertà a tutti gli uomini. La rivoluzione politica, in realtà, non è che il primo momento della liberazione, quello più elementare, più "facile" - se vogliamo -, poiché è il momento concepito come liberazione da un "nemico" (interno e/o esterno, politico e/o sociale), non è ancora il momento positivo della costruzione della libertà nella pace.

La volontà di autorganizzarsi

Dobbiamo superare il concetto di "istituzione", che rappresenta una forma di "idealismo", in quanto si ritiene che possano esistere strutture perfette, adeguate ai molteplici bisogni e interessi della società, in grado di funzionare da sole, come per una "magica volontà dall'alto". Si ha infatti l'assurda pretesa che le istituzioni facciano quello che la società non riesce più a fare come "società".

In realtà l'istituzione, di per sé, a prescindere dalla volontà di chi la rappresenta, tende a negare la realtà, poiché per funzionare ha bisogno di semplificare la complessità delle cose reali. E nella misura in cui si separa dalla realtà essa, inevitabilmente, nella propria presunta autonomia, tende a complicare le cose semplici, a causa dei meccanismi della burocrazia.

Nata con la pretesa d'essere un modello di perfezione, l'istituzione, col tempo, è diventata esattamente il contrario di quanto la società borghese si era prefissata. D'altra parte non poteva essere diversamente, poiché l'istituzione, per sua natura, resta uno strumento nelle mani di un potere centralizzato, autoritario, burocratico, slegato dalla vita quotidiana della gente comune. L'istituzione fa parte della società divisa in classi e, come tale, tende a riprodurre tale divisione: essa, in sostanza, serve alla classe egemone per controllare e dominare tutte le altre.

L'istituzione è incapace di accogliere la realtà così com'è: essa infatti ha un'immagine simbolizzata della realtà, e con una forte valenza negativa. L'istituzione avverte la realtà sociale con fastidio, perché se ne sente giudicata. La rivalsa delle istituzioni sulla realtà è appunto quella di rendere la vita impossibile o inutile la protesta. È un meccanismo perverso ma inevitabile, che s'instaura nel rapporto pubblico tra cittadino e istituzioni.

La realtà non può mai essere accolta con tutti i suoi difetti e le sue eccezioni. I casi particolari danno fastidio, a meno che non siano di prestigio, che non comportino un qualche interesse di carriera, di guadagno, di favoritismo o di casta: in questo caso l'istituzione si lascia facilmente scavalcare, nel rispetto formale delle procedure, al fine di poter essere meglio riconfermata. Oggi questo fenomeno rientra in quello, ben più complesso, chiamato "tangentopoli".

Normalmente i difetti della vita reale non vengono presi in considerazione, poiché l'istituzione è già troppo angosciata dalle proprie quotidiane disfunzioni per avere il tempo di applicarsi alla "complessità". Tuttavia, qualunque esemplificazione della realtà, alla lunga rende l'istituzione obsoleta, inutile. In questa paralisi, chi dispone di potere può vivere sfruttando al meglio le istituzioni, mentre gli altri continuano a restarne schiacciati.

In luogo dell'istituzione va affermata la volontà dei cittadini di *autorganizzarsi*, amministrando collettivamente le proprie risorse materiali, umane e finanziarie. L'istituzione spinge al conformismo, alla delega; l'autonomia spinge alla responsabilità personale.

L'autogestione valorizza le diverse potenzialità, inclinazioni, attitudini. Le istituzioni invece vivono all'insegna dello spreco e dell'inefficienza. La società, per dimostrare che non ha bisogno delle istituzioni, deve dimostrare di sapersi adeguare ai bisogni. In questo senso il volontariato è solo il primo passo: esso è nato per supplire a una carenza, ma il suo destino non deve diventare quello di puntellare una struttura che fa acqua da tutte le parti. Il volontariato deve darsi un'identità politica che metta all'ordine del giorno il problema di una transizione a una società globalmente diversa.

L'autonomia della realtà locale

All'origine del centralismo autoritario vi è il fatto che il comunismo sovietico, sulla scia di quello teorico di Marx ed Engels, ha sempre considerato i contadini una classe culturalmente sottosviluppata e socialmente piccolo-borghese. A questa classe ha voluto sovrapporre, in un rapporto di subordinazione gerarchica, il proletariato industriale, che veniva considerato più rivoluzionario in quanto assolutamente privo di tutto.

Tuttavia il proletariato industriale è una classe socialmente sradicata, di provenienza, fino a qualche tempo fa, prevalentemente rurale. Ora, se è vero ch'esso non ha nulla da perdere oltre la propria capacità lavorativa, è anche vero che non è in grado di costruire *un'autonomia produttiva della realtà locale*. E una classe del genere, priva di alcun riferimento alla terra e alle sue secolari tradizioni, è fatalmente strumentalizzabile da parte di quella intellettuale, priva anch'essa di radici rurali.

L'industria non garantisce in maniera relativamente sicura la sopravvivenza di una comunità locale, o almeno non è in grado di farlo meglio di una comunità rurale. Tant'è che quando essa subisce seri contraccolpi da parte della concorrenza (nazionale o internazionale), la sua chiusura o delocalizzazione determina la fine della medesima comunità o la riconversione produttiva di quest'ultima.

Per distruggere le comunità rurali, il capitalismo ha impiegato dei secoli, ma per distruggere una piccola o media industria (e oggi, a causa del globalismo, lo vediamo anche con le grandi) occorre un tempo infinitamente minore. Negli Stati Uniti intere cittadelle costruite nei pressi delle miniere diventavano dei fantasmi appena quelle miniere venivano considerate non più "produttive".

Nell'ambito dell'agricoltura basata sull'autoconsumo, un anno di siccità non faceva spopolare una comunità di villaggio. L'agricoltura, che includeva anche l'artigianato, veniva aiutata dall'allevamento, dall'uso comune di taluni arativi e prativi, dei boschi, dei laghi, dei fiumi, delle paludi e soprattutto da una cultura dell'assistenza reciproca.

Un bene industriale che subisce la concorrenza di un bene analogo, specie in un regime ove i trust monopolistici tendono a prevalere e dove non è più possibile applicare le regole del protezionismo senza subire gravi ritorsioni, rende molto debole l'azienda che lo produce in condizioni di inferiorità (anche se queste condizioni, in assenza di concorrenza, potrebbero risultare più che sufficienti per riprodurre il capitale investito). Il futuro di aziende del genere, in un mercato sempre più globalizzato, ove i nuovi competitori si avvalgono di un costo del lavoro molto basso e non hanno scrupoli nel raggirare le regole commerciali che col tempo si sono dati i paesi capitalisti, risulta legato a variabili del tutto imprevedibili, e questo anche quando l'apparenza è lì a mostrare un'azienda economicamente stabile.

Il socialismo di stato aveva pensato di ovviare a queste assurdità, continuando a pianificare dall'alto tutta la produzione, cioè trasformando tutti (dagli operai ai dirigenti d'azienda) in meri esecutori materiali di decisioni prese da organi politici e amministrativi; ma, in questa maniera, si tolse definitivamente l'incentivo al lavoro e alla produttività. Per quale motivo infatti si sarebbe dovuto fare volontariamente un lavoro monotono, faticoso, pericoloso e per giunta sotto pagato, quando il prodotto del proprio lavoro (che virtualmente avrebbe dovuto avere un valore maggiore di quello agricolo, in quanto connesso a un imponente capitale fisso) veniva gestito da un ente, lo Stato, che in definitiva restava non meno estraneo di come lo è il capitalista privato all'operaio del mondo occidentale?

Il socialismo di stato aveva funzionato nel comunismo di guerra (salvo rettificarlo con l'introduzione della Nep, finita la controrivoluzione); aveva funzionato con la nascita dell'industrializzazione, fatta pagare duramente al ceto rurale e all'ambiente in generale; aveva funzionato durante la II guerra mondiale, poiché tutta l'industria era stata trasformata da civile a militare, ma s'era rivelato completamente fallimentare nel periodo della stagnazione, preceduto da quello della destalinizzazione.

Non è curioso che l'inizio del crollo del "socialismo reale" sia avvenuto proprio nel momento in cui la *nomenklatura* insisteva di più nell'attribuire grande importanza al passaggio dallo "Stato della classe operaia" (dittatura del proletariato) allo "Stato di tutto il popolo"? S'era perso completamente il riferimento alla realtà. Il partito chiedeva ai lavoratori di guardare lo Stato in maniera del tutto idealistica, come una sorta di padre bonario, le cui azioni dovevano risultare ottime di per sé, a prescindere da qualunque riscontro concreto, soprattutto in considerazione del fatto che con la "guerra fredda" il socialismo mondiale continuava ad essere seriamente minacciato dall'occidente.

Il plusvalore, estorto politicamente agli operai, era servito solo in misura limitata ad accrescere la qualità della vita e, inevitabilmente, esso non poteva accompagnarsi a una progressiva democratizzazione della società. Stalin pretendeva che, in tempo di guerra, per la difesa della patria, si lavorasse 24 ore al giorno, ma sotto Breznev, Cernienko, Andropov come si poteva pretendere uno spirito di sacrificio senza dare, come contropartita, una superiore qualità di vita sul piano sia morale che materiale?

Socialismo rurale e locale

Il socialismo futuro dovrà dunque essere di tipo *rurale*, in cui l'apporto dell'industria sarà ridotto al minimo, rispettando le *compatibilità ambientali*. Nessun socialismo potrà essere democratico se non sarà ambientalista. Questa cosa è stata completamente trascurata dai classici del marxismo.

L'autonomia produttiva dovrà basarsi sulla soddisfazione di *bisogni locali* utilizzando *risorse interne*. Non ha alcun senso che una comunità locale venga tenuta in piedi attraverso i salari che guadagnano gli operai di un'azienda, le cui materie prime provengono da chissà dove e le cui merci vengono vendute chissà dove. Questa cosa non avrebbe senso neppure se l'azienda fosse di proprietà degli stessi operai.

Il socialismo futuro non potrà avere nei confronti della scienza e della tecnica alcuna devozione feticistica. Anche perché un qualunque primato concesso all'industria implica l'impossibilità di rinunciare al primato del valore di scambio su quello d'uso. Il che non vuol dire che l'industria non debba esserci, ma semplicemente che la sua ragion d'essere andrà decisa dalla comunità locale che vorrà fruire dei suoi prodotti.

Il valore della legge

Un tempo, prima ancora che nascessero le cosiddette "civiltà", la parola data era sacra, poiché era un impegno che si prendeva in coscienza, e chi non la manteneva veniva sanzionato dal biasimo collettivo, e tutto finiva lì.

Oggi la parola data non ha più alcun valore, se non nei debiti di gioco o nelle relazioni tra marito e moglie. Eppure viviamo in un'epoca "cristiana", in cui dovrebbe valere il principio evangelico: "non giurate mai: né per il cielo, perché è il trono di Dio; né per la Terra, perché è lo sgabello per i suoi piedi; né per Gerusalemme, perché è la città del gran re. Non giurate neppure per la vostra testa, perché non avete il potere di rendere bianco o nero un solo capello. Sia invece il vostro parlare sì, sì; no, no; il di più viene dal maligno" (Mt 5,34 ss.). Con un principio del genere gli aspetti giuridici avremmo dovuto abolirli completamente.

La legge è un prodotto delle civiltà, cioè è nata in un contesto di sfiducia reciproca tra i componenti di una determinata comunità. L'estraneità, che è spia di un certo antagonismo sociale, ha fatto progressivamente emergere l'esigenza di vincolare il proprio avversario, già in qualche maniera sottomesso, a conseguenze molto gravi nel caso in cui volesse violare o rimettere in discussione un determinato assetto di rapporti di forza. Prima di regolamentare i rapporti tra tribù ostili, la legge è servita per regolamentare i rapporti sociali interni a una tribù.

Quando nel racconto del Genesi vien detto che nell'Eden esisteva un divieto esplicito di fare una determinata cosa, significava che già all'interno di una medesima tribù vi erano forze tendenzialmente opposte, di cui una, quella rappresentata dalla donna, sempre più favorevole a uno stile di vita esterno alla propria tribù, che nel racconto viene rappresentato dal serpente. Il primo divieto formale viene posto in presenza di un antagonismo fra tribù rivali. Viene posto sperando che con la paura si potesse tenere uniti gli ultimi componenti di una tribù che rischiava di soccombere alla forza di quelle confinanti. Un espediente che avrebbe potuto funzionare in via del tutto transitoria e certamente non all'interno di una reiterata assenza di quel fondamentale collante sociale che si chiama "consapevolezza interiore collettiva".

Il principale assetto di rapporti di forza che caratterizza il sorgere delle civiltà, e quindi di una qualche legislazione repressiva, è stato quello dei *rapporti di proprietà*. Ci si può chiedere se questa affermazione possa essere applicata anche alla civiltà ebraica, quale venne formandosi sotto la legislazione mosaica, poiché quest'ultima, coi suoi dieci comandamenti, viene considerata ancora oggi un modello basilare per tantissime legislazioni nazionali. La domanda è legittima, in quanto è difficile sostenere che la legge mosaica rispecchiasse in maniera adeguata i rapporti sociali antecedenti alla caduta edenica.

Il fatto è che un popolo che si emancipa da una condizione di schiavitù, non può di punto in bianco tornare a vivere una condizione di vita totalmente priva di antagonismi sociali. Occorre una legislazione temporanea. E quella che si diedero gli ebrei era enormemente più avanzata di tutte le legislazioni degli Stati schiavistici dell'epoca.

Quando entrò in scena Gesù Cristo non venne proposta una nuova legislazione; venne semplicemente detto che fino a quando gli uomini non avessero imparato a convivere pacificamente tra loro a prescindere dalle leggi, queste sarebbero rimaste. Al massimo, nel vangelo di Giovanni (13,24), si parla di "comandamento dell'amore": amarsi gli uni gli altri sull'esempio del Cristo.

Un comandamento, questo, che, detto a prescindere dalle contraddizioni sociali, rifletteva un tradimento ancora più sofisticato di quello che possiamo constatare nei vangeli sinottici, laddove si afferma che l'unica legge che riassumeva tutti i comandamenti era il principio di amare contemporaneamente dio e il prossimo come se stessi, ch'era peraltro già previsto nell'Antico Testamento, tant'è che nel vangelo di Marco (12,28 ss.), quando Cristo incontra lo scriba che gli chiede quali siano i comandamenti principali, alla fine della discussione i due si trovano in perfetto accordo. L'unica cosa che lo scriba doveva ancora capire, per diventare un perfetto "cristiano", era quella di credere che Gesù fosse l'unigenito figlio di dio.

Il tradimento della chiesa petro-paolina era consistito proprio in questo, nel far credere che tutta la legge si racchiudesse in una mera questione della *coscienza personale*, a prescindere completamente dalle condizioni esterne in cui essa deve agire. Un principio, questo, che al massimo avrebbe potuto trovare una qualche giustificazione in una società priva di conflitti sociali, di classe. Diversamente esso aveva e ancora oggi ha soltanto un significato conservativo dei rapporti esistenti, qualunque essi siano, dunque anche quelli antagonistici.

In realtà se non si pongono le condizioni per cui quel sacrosanto principio possa essere applicato, il suo valore è minimo. E la condizione fondamentale è quella di rovesciare il potere politico ed economico che impedisce di applicare quel principio nell'ambito dell'intera società.

La chiesa ricadde nei limiti dell'ebraismo, imponendo, attraverso i propri dogmi, una determinata interpretazione dell'oggetto della propria fede. Tornò di nuovo in auge la legge appena essa fruì di un certo potere istituzionale.

Questo per dire che una volta fatta la rivoluzione politica, occorre porre le condizioni che tendono a ridurre progressivamente il peso della legge, puntando l'attenzione sulla *socializzazione* dei beni, umani e naturali.

Imputato e colpa

Quando nei processi si giudica qualcuno e ci si attiene esclusivamente alla *legge,* si ha più possibilità di sbagliare che non attenendosi esclusivamente all'*etica*. Applicare la legge ai casi umani, che sono sempre infinitamente complessi, anche quando appaiono semplici, non ha molto senso. Anche se i giudici avessero in mano migliaia di codici e migliaia di riferimenti a casi analoghi a quello che devono giudicare, non sarebbero per questo più agevolati. La realtà è che gli esseri umani non possono essere "giudicati" da altri esseri umani. Possono solo essere *capiti.*

Di fronte a qualcuno accusato di qualcosa, noi non dovremmo mai né giustificare né condannare, proprio perché non possiamo farlo. E i motivi sono tanti: p. es. perché conosciamo troppo o troppo poco l'imputato. In un caso possiamo avere dei conflitti di interesse; nell'altro rischiamo di fidarci troppo delle apparenze, delle impressioni, delle opinioni o testimonianze altrui. Per non parlare del fatto che ci portiamo sempre dietro i nostri pregiudizi, le nostre concezioni di vita.

Noi non siamo mai nelle condizioni migliori per poter giudicare in maniera adeguata qualcuno: o siamo troppo coinvolti nelle sue vicende (e allora è come se, in realtà, dovessimo giudicare noi stessi, e nessuno è così obiettivo da poterlo fare), oppure il caso in questione ci appare troppo estraneo (e allora il nostro giudizio può essere condizionato da altri fattori: p. es. la fretta di concludere il processo o il timore di subire conseguenze a seconda di come ci si pone nei confronti dell'accusato).

L'idea che esistano delle "prove schiaccianti" non aiuta assolutamente a definire la colpevolezza di un imputato. Per poter capire davvero un reato non abbiamo bisogno né di prove né di testimonianze. Il fatto che un crimine venga individuato con certezza non significa, di per sé, che si sia anche in grado di capirlo adeguatamente. Si pensi solo al fatto che chi subisce un torto è generalmente convinto, solo per questo, di avere tutte le ragioni di questo mondo. E qui non stiamo neppure a discutere se davvero possa esistere il concetto di "prova inconfutabile": se esistesse un concetto del genere, non si darebbe così tanto peso al concetto di "alibi", né si cercherebbe di produrre falsi indizi o di deviare le indagini o di cercare false testimonianze o di manipolare i reperti.

Uno può pensare che queste cose vengono fatte proprio perché esistono "prove inconfutabili", ma chi è disonesto sa bene che tutto può essere "falsificato" e che operazioni del genere possono dare anche i loro frutti nei processi. Quanto alle testimonianze oculari, da tempo è noto che uno vede solo ciò che vuol vedere o che "pensa" di aver visto. L'evidenza della verità è solo un'illusione. E quando si fa giurare qualcuno di dirla, si è soltanto ridicoli. Uno la verità non potrebbe dirla neanche se lo volesse, proprio perché con certezza non può saperla.

Neppure un'esplicita ammissione di colpa potrebbe risultare sufficiente. Non serve a nulla, sul piano etico, pentirsi per avere uno sconto della pena, tanto più che non è detto che un imputato possa avere piena consapevolezza di ciò che ha fatto solo perché l'ha fatto. Probabilmente se uno potesse avere una consapevolezza del genere, non farebbe alcun crimine (almeno così la pensava Socrate, il più grande filosofo dell'antichità).

I giudici, la giuria, gli avvocati, la pubblica accusa, i parenti dell'imputato, quelli della vittima, le forze dell'ordine che assistono al processo, ma anche i giornalisti, il pubblico curioso o interessato..., insomma tutta la società avrebbe bisogno di sapere le *motivazioni di fondo* che hanno indotto a compiere un determinato reato o crimine, cioè le *circostanze* che le hanno generate e le eventuali *attenuanti* o *aggravanti*, correlate al fatto, che si possono far valere: non a titolo di mera curiosità, ma nella speranza che la cosa non si ripeta.

Le circostanze sono sempre quelle *socio-ambientali*, in cui può maturare un reato o un crimine. Chiunque infatti è in grado di notare che, a parità di circostanze, uno delinque, l'altro no. Per quale motivo? Uno dovrebbe essere giudicato dai suoi pari, cioè da quelli che, pur vivendo medesime circostanze, han deciso di comportarsi diversamente. Nei processi dovrebbero essere presenti solo le persone che, in un modo o nell'altro, conoscevano l'imputato e potevano accedere, in un modo o nell'altro, ai suoi ambienti. E tutti dovrebbero essere interpellati, per poter avere un quadro sufficientemente chiaro della personalità e della vita dell'accusato.

Il processo dovrebbe soltanto avere lo scopo di far capire all'accusato fino a che punto avrebbe potuto comportarsi diversamente, sulla base delle testimonianze raccolte. Le quali appunto non dovrebbero essere utilizzate a suo carico, ma proprio per fargli capire che esiste sempre *la possibilità di agire diversamente*. Dovrebbero essere testimonianze aventi una *finalità pedagogica*. Occorrerebbe cioè far capire a tutti, e non solo all'imputato, il valore delle *opzioni*, delle possibilità di scelta. Infatti, nella stragrande maggioranza dei casi, chi compie un reato o un crimine sostiene che non aveva scelta. Ma se davvero mancasse la libertà di decidere, dove starebbe la colpa? A che pro giudicare uno destinato a delinquere? Dovrebbe anzi essere la società a chiedersi il motivo per cui, in certe situazioni, non esiste alcuna alternativa.

Noi diciamo che le persone non vanno giudicate per le loro idee ma per quello che fanno. Eppure il più delle volte le cose si compiono sulla base di certe idee o convinzioni. Dunque dovrebbe vertere su queste idee il dibattimento processuale. Uno dovrebbe arrivare a convincersi d'aver sbagliato, a prescindere dalla pena prevista. La quale, comunque, non può certamente basarsi sul carcere, cioè su una reclusione meramente punitiva. Chi ha sbagliato deve essere recuperato, altrimenti sarà indotto a ripetere il crimine o anche a far di peggio. La pena deve essere rieducativa. Quando uno si convince d'aver sbagliato, è già punito: a partire da quel momento gli deve esser data la speranza di reintegrarsi, proprio perché una persona non va mai condannata, ma recuperata.

Lo stesso criminale che, dopo essersi pentito, subisce un torto, deve dimostrare una maturità sufficiente a comportarsi diversamente da come avrebbe fatto prima del pentimento. Gli sbagli che nella vita si compiono devono servire per non ripeterli. Bisogna guardarli con fiducia, non con pessimismo, anche perché la perfezione non esiste: non è forse vero che spesso facciamo sbagli senza neppure accorgercene?

Le leggi esistenti, i codici, i casi analoghi, accaduti in precedenza, dovrebbero servire soltanto come spunto di riflessione, giusto per far capire all'imputato che lui non è un caso speciale, mai accaduto prima. Uno deve togliersi di testa l'idea di dover essere sottoposto, per una qualche ragione, a un trattamento di favore. L'etica è terribilmente più importante del diritto.

Interessi e diritti nella società borghese

Con la rivoluzione francese, cioè con un atto politico epocale, la borghesia riuscì a codificare nel diritto pubblico i propri interessi privati, in quanto pertinenti a una specifica classe. Essa riuscì a fare di un interesse di parte un diritto nazionale, appartenente a tutto il popolo.

E riuscì a fare questo proprio perché stabilì che l'interprete della volontà popolare nazionale poteva essere soltanto lo *Stato*, il cui principale organo di potere era il *parlamento*, ove i deputati non erano nominati dal monarca ma eletti dal popolo (inizialmente venivano votati soltanto dai cittadini dotati di un certo censo).

Il parlamento veniva così a rappresentare il simbolo della democrazia borghese. Il fatto di poter votare determinati candidati al seggio parlamentare, costituiva la quintessenza della libertà politica del cittadino. In questo sta il formalismo della democrazia borghese, cioè nel fatto che tutto il meccanismo politico-parlamentare è funzionale soltanto agli interessi di un'infima minoranza, pur essendo fatto passare come occasione per manifestare una volontà popolare.

La vera politica legittimata è soltanto quella parlamentare; ogni altra espressione politica, al di fuori dell'ambito statale, viene, a seconda dei casi, ignorata, strumentalizzata, repressa... L'unica democrazia possibile è soltanto quella delegata, quella istituzionalmente formalizzata. La borghesia ha saputo sfruttare un concetto astratto di "Stato popolare", avente connotati etici oltre che politici, per poter meglio tutelare i propri interessi privati.

Tale contraddizione si riflette anche nei rapporti giuridici tra "diritti soggettivi" e "interessi legittimi".

*

Chiunque sa che è possibile avere degli interessi che non siano dei diritti, e chiunque sa che se gli interessi sono legittimi, allora essi comportano un diritto.

Chi stabilisce, tuttavia, quando gli interessi sono legittimi? La risposta dovrebbe essere una sola: la *maggioranza del popolo*. La differenza tra interesse e diritto dovrebbe stare unicamente in questo: il diritto altro non è che un interesse riconosciuto dalla maggioranza dei cittadini. Il diritto è appunto un interesse legittimo, o meglio, è una codificazione degli interessi legittimi degli uomini.

Come tale il diritto assume maggiore importanza dell'interesse quando quest'ultimo non è conforme a quello. Generalmente il diritto è più "statico" dell'interesse e in questo sta, in un certo senso, la sua forza.

Tuttavia l'interesse ha il potere di mutare il diritto. Diciamo anzi che solo l'interesse può cambiare il diritto, poiché il diritto, essendo statico, non si cambia mai da solo. Un interesse riconosciuto dalla maggioranza, e quindi divenuto legittimo, può modificare un interesse precedente, codificato dal diritto.

Il diritto, in sostanza, serve soltanto quando gli uomini non sanno adeguare i loro interessi personali agli interessi della maggioranza. In questo caso il diritto interviene mediante la *coercizione*, che è il modo che permette alla volontà della maggioranza di funzionare.

Il problema che a questo punto si pone è il seguente: chi stabilisce il criterio della *maggioranza*? e come realizzare questo principio? Qui è evidente, in astratto, che solo la maggioranza dei cittadini può stabilire il criterio adeguato della maggioranza e realizzarlo in modo conforme.

È ovvio però che sull'interpretazione del concetto di maggioranza ci si dovrà confrontare non tanto sul terreno giuridico quanto su quello *politico*. Ed è qui che va fatta un'analisi dei meccanismi sociali ed economici che costituiscono oggettivamente una determinata società. Il giudizio politico su tale società (e quindi sul criterio di maggioranza) è conseguente all'analisi della sua struttura socioeconomica.

Ebbene, nell'ambito della società borghese è fuor di dubbio che il diritto appartiene soltanto a chi detiene i mezzi di produzione o a chi beneficia in qualche modo del loro uso. A tutti gli altri la borghesia può riconoscere al massimo determinati interessi, ma nulla di più. Il diritto del nullatenente è sempre revocabile. La borghesia è disposta a riconoscere alcuni interessi al proletariato soltanto se essi vengono rivendicati con forza e soltanto nel momento in cui lo sono.

La legittimazione di un interesse proletario nel diritto pubblico è sempre *pro tempore*, in quanto frutto di uno scontro politico. Il proletariato non ha alcuna possibilità di partecipare in maniera pacifica, senza passare attraverso i canali del parlamentarismo borghese, alla definizione del criterio di maggioranza.

La differenza tra democrazia formale e dittatura sta proprio in questo, che nelle dittature la borghesia non riconosce al proletariato né interessi né diritti.

*

Il nostro diritto amministrativo non riesce a spiegare in modo convincente qual è il motivo per cui i *diritti soggettivi* sono più importanti degli *interessi legittimi*. Si afferma infatti che chi è titolare di un diritto soggettivo (nei confronti della pubblica amministrazione) deve presentarsi dinanzi a un giudice ordinario (pretore, tribunale ecc.) per vederlo tutelato, mentre chi è titolare di un interesse legittimo può ricorrere soltanto al giudice amministrativo (Tar, Consiglio di Stato).

Ciò significa che chi fruisce di un diritto soggettivo è più facilitato nella sua rivendicazione rispetto a chi invece fruisce del solo interesse legittimo. In tal modo però si elude la domanda fondamentale: cos'è che, in origine, distingue un diritto soggettivo da un interesse legittimo? La risposta dovrebbe essere una sola: una *diversa necessità*.

Un diritto soggettivo esprime una necessità riconosciuta dalla maggioranza dei cittadini: in tal senso esso non è altro che un interesse legittimo ratificato dalla legge.

Che cos'è dunque l'interesse legittimo? È quell'interesse che poco per volta è stato accettato dalla maggioranza dei cittadini e che quindi è divenuto legittimo, cioè riconosciuto come diritto soggettivo.

Nei confronti del diritto un interesse può essere legittimo o illegittimo: se è illegittimo il diritto diventa sanzione, coercizione, pena; se invece è legittimo, allora l'interesse stesso si converte in diritto. È compito dei cittadini saper riconoscere quando un interesse può essere considerato in un modo o nell'altro.

Ma questo significa che non possono essere categoricamente separati, come fa il diritto amministrativo, i diritti soggettivi dagli interessi legittimi. Una separazione del genere permette soltanto a una ristretta minoranza di rivendicare i propri interessi in modo pieno e totale.

Non a caso la giurisprudenza afferma che l'esempio più significativo di diritto soggettivo è il *diritto di proprietà*, al quale l'ordinamento collega strumenti idonei a consentire al titolare la garanzia del godimento di quel bene nel modo che crede e la piena protezione da ingerenze esterne.

Proprietà e diritto

Il diritto è figlio della proprietà. Non ha senso usare le armi del diritto per punire gli abusi commessi in nome della proprietà. L'uso della proprietà capitalistica sancisce di per sé ogni forma di abuso. Questa proprietà non può essere regolamentata e quindi sul suo uso e sulle conseguenze di questo uso non si può legiferare.

Il diritto borghese è una semplice formalità, è la maschera che nasconde i rapporti di sfruttamento. Infatti il diritto serve al capitale per avere di fronte a sé un cittadino libero di essere sfruttato. È assurdo pensare che cittadini di questo genere possano servirsi del diritto borghese per avanzare delle rivendicazioni o per mettere in discussione un certo uso della proprietà.

La stessa idea di voler imbastire dei processi penali contro quei capitalisti che hanno contribuito, con le loro aziende, a devastare l'ambiente, fino ad accelerare la morte degli operai a contratto, procurando loro malattie letali, è un'idea destinata a scontrarsi contro un muro. Chiunque infatti dirà che il capitalismo ha il suo prezzo da pagare o che il benessere si porta sempre con sé una scia infinita di lutti e miserie.

Quando i giudici sostengono che il singolo imprenditore non può essere ritenuto penalmente responsabile dei disastri ambientali e delle vittime umane, conseguenti all'attività della sua azienda, ch'era stata posta in essere proprio per "dare lavoro", in sostanza hanno ragione, seppur negativamente; neppure la singola impresa può essere ritenuta responsabile di questo. È piuttosto il *sistema* che va considerato "responsabile", e contro il *sistema* non s'imbastiscono dei processi penali. L'unico processo possibile è quello *politico*. Le rivendicazioni degli operai dovrebbero essere fatte fuori dei tribunali e dovrebbero riguardare lo stile di vita, le scelte strategiche compiute a favore del profitto e della rendita capitalistica. Anche gli operai che lavorano in un'azienda anti-ecologica sono responsabili, seppure a titolo diverso, della devastazione ambientale.

Se si insiste a usare lo strumento giuridico contro gli abusi del capitale, si finisce col cadere in un'assurdità storica, quella di pretendere un capitalismo dal volto umano, una sorta di società egualitaria che, se anche esistesse, uscirebbe immediatamente sconfitta dall'aggressività delle società concorrenti.

Noi dobbiamo sfruttare le contraddizioni del capitalismo per portare gli uomini a desiderarne la fine. I processi penali o civili non servono allo scopo, in quanto pongono i contraenti l'uno di fronte all'altro, in attesa di giungere a un compromesso sul riconoscimento dei danni da pagare. Giunti al compromesso, la sostanza resta come prima. Ecco perché bisogna assolutamente impedire che la denuncia degli abusi del capitale venga ricondotta a un confronto giuridico tra le parti. Chi detiene la proprietà avrà sempre un'arma in più contro il lavoratore.

Diritti umani a confronto

Dalla Conferenza di Helsinki (1975) a oggi sono stati fatti molti incontri internazionali sulla questione dei diritti umani: a Belgrado, a Madrid, a Ottawa ecc. In particolare l'attenzione sembra essersi concentrata su due fondamentali diritti: quello a una vita sana, dignitosa, realmente umana, e quello a una pace sicura e stabile.

I diritti umani sono stati affermati per la prima volta sul piano politico, trovando poi espressione in quello giuridico, al tempo delle rivoluzioni borghesi in Inghilterra, Francia e Stati Uniti. Nel Nordamerica è stata proclamata la prima dichiarazione dei diritti dell'uomo e dato il primo impulso alla rivoluzione europea del XVIII secolo.

Quasi contemporaneamente in Francia il governo rivoluzionario adottava la *Dichiarazione dei diritti dell'uomo e del cittadino* (1789), seguita dalla prima Costituzione francese (1791). Questi documenti riguardavano unicamente i diritti civili e le libertà politiche e non dicevano quasi nulla sui diritti socio-economici: l'unico diritto economico previsto era quello relativo al possesso di qualunque forma di proprietà privata. Anzi, nella sua versione originale il testo della Costituzione americana non conteneva neppure disposizioni relative alle libertà e ai diritti umani.

Solo in seguito alla pressione esercitata dall'opinione pubblica negli anni 1789-91 il Congresso approvò le famose 10 modifiche alla legge fondamentale passate alla storia come "Carta dei diritti". Sarà poi sulla base di questo orientamento che si svilupperanno in occidente tutte le concezioni politico-ideologiche relative ai diritti umani.

Solo con la rivoluzione socialista del 1917 si è cominciato ad affrontare, in sede giuridica, il problema dei diritti umani dal punto di vista non di un'unica classe, quella borghese proprietaria, ma dell'intero popolo lavoratore. Di qui l'interesse rivolto verso i diritti socio-economici, successivamente recepito anche dalle Costituzioni dei paesi capitalistici.

Da notare però che nel paese considerato il più democratico del mondo: gli Stati Uniti, la Costituzione ancora non contempla diritti così importanti come quello al lavoro, al riposo, all'istruzione pubblica e all'assistenza sanitaria gratuite, alla previdenza sociale, all'alloggio; senza poi considerare che in questo paese esiste solo la possibilità di ricorrere di persona in tribunale per difendere i propri diritti (in quanto lo Stato, nella persona dei suoi procuratori, è tenuto per legge a difendere i cittadini soltanto in caso di violazione del diritto di voto in base a contrassegni razziali).

Fu per iniziativa della ex-Urss che la Carta dell'Onu accolse il principio del rispetto delle libertà e dei diritti fondamentali dell'uomo (secondo la formula: "senza distinzione di razza, sesso, lingua o religione"). Oggi diremmo meglio: etnia o provenienza geografica, invece che "razza", e diremmo "atteggiamento verso la religione", non essendo più scontato che si debba averne una.

Le prime proposte, volte a istituire un'organizzazione universale per la difesa della pace (quelle formulate alla conferenza di Dumbarton Oaks nel settembre 1944), non prevedevano neppure, fra gli obiettivi principali dell'organizzazione, la promozione e lo sviluppo del rispetto dei diritti e delle libertà umane.

La stessa ex-Urss presentò all'Onu le principali proposte per la Convenzione sulla prevenzione e perseguibilità del crimine di genocidio; prese inoltre l'iniziativa per la Dichiarazione sulla concessione dell'indipendenza ai paesi e popoli coloniali; elaborò il progetto della Convenzione internazionale sulla soppressione dell'apartheid; promosse per prima la Conferenza sulla sicurezza e sulla cooperazione in Europa, a Helsinki, svolgendo in tale assise un ruolo decisivo al momento di votare l'Atto finale che definisce gli orientamenti e le forme concrete della cooperazione interstatale, ivi comprese le questioni relative ai diritti umani.

Le potenze occidentali spesso hanno cercato d'opporsi, nelle convenzioni internazionali, all'inserimento di paragrafi riguardanti i diritti socio-economici. Gli Stati Uniti addirittura ci hanno messo moltissimo tempo prima di aderire ai Patti internazionali sui diritti dell'uomo, alla Convenzione internazionale per l'eliminazione di tutte le forme di discriminazione razziale, a quella per la prevenzione del delitto di genocidio, a quella sulla cessazione del delitto di apartheid, a quella sull'eliminazione di tutte le forme di discriminazione nei confronti delle donne, e a quella sulla non-applicabilità della prescrizione nei crimini di guerra e nei delitti contro l'umanità.

Rifiutando di associarsi ai Patti internazionali dell'Onu (1966), gli Usa hanno evitato per molto tempo di partecipare ai lavori degli organismi internazionali preposti al controllo dell'applicazione dei diritti umani. Alla fine degli anni Ottanta, dei 19 documenti più importanti, elaborati dall'Onu per lo sviluppo della Dichiarazione generale dei diritti umani, gli Usa ne ratificarono solo cinque. Sempre nello stesso periodo, delle 160 convenzioni stipulate dall'Organizzazione internazionale del lavoro, gli Usa ne accettarono solo sette, tutte quelle che non prendevano in esame il problema della disoccupazione. E nell'ambito dell'Unesco si erano persino rifiutati di appoggiare la Convenzione per la lotta contro la discriminazione nel campo dell'istruzione. Ancora oggi tendono ad ostacolare il controllo da parte degli organi competenti dell'Onu sull'effettiva applicazione dei diritti umani nel loro territorio.

Quando la diversità aiuta l'identità

L'educazione ai "diritti umani" nella società multiculturale non è forse un modo *astratto* di porre la questione dell'integrazione culturale?

I "diritti umani" prevalenti, in questo momento, a livello internazionale, non sono forse quelli formulati nell'area delle società occidentali (o comunque delle società sottoposte all'influenza della civiltà capitalistica), o, se vogliamo, non sono forse quelli il cui controllo, in ultima istanza, dipende dalla volontà dei paesi che, dopo aver vinto la II guerra mondiale, ancora oggi esercitano una decisa egemonia politica a livello internazionale?

Normalmente noi occidentali riteniamo sia sufficiente rispettare tali "diritti" per garantire l'esistenza e lo sviluppo della società multiculturale. Ma siamo sicuri che l'equazione sia così scontata?

Lo stesso concetto (filosofico e gius-politico) di "diritti umani" non è forse nato nell'ambito della cultura occidentale? Chi ci dice ch'esso sia sufficiente per valorizzare le "culture altre"?

Perché non dovremmo pensare che da un'effettiva integrazione culturale potrebbe anche emergere una *nuova formulazione* del concetto di "diritti umani", se non addirittura un suo *superamento?*

Il diritto infatti, se praticato, garantisce il rispetto della "diversità", ma di per sé non favorisce il processo integrativo delle diverse culture.

Peraltro il diritto riuscirebbe a garantire l'effettivo rispetto delle diversità culturali solo se la sua formulazione fosse il frutto di un processo integrativo *già in atto,* in cui tutte le parti in causa venissero considerate *paritetiche,* equivalenti. Il che, a tutt'oggi, non è.

Se esistesse un processo di questo genere, il diritto perderebbe buona parte della sua ragion d'essere. Le diverse culture si garantirebbero il reciproco rispetto proprio perché si sentirebbero *inscindibilmente unite.* Il rispetto, in tal caso, non potrebbe mai essere *formale* (come spesso invece accade nell'ambito del diritto).

Quando non c'è rispetto, è perché manca la disponibilità all'integrazione, e quando manca tale disponibilità, non c'è diritto che possa favorirla. Per favorire l'integrazione occorre capire che la "diversità" non è una minaccia all'identità, ma una possibile ricchezza. Anzi, si potrebbe addirittura dire che l'identità si pone tanto più in essere quanto più si accetta la diversità.

Per capire quale diversità vada accettata e quale no, bisogna sempre fare riferimento ai *bisogni umani.* L'identità e la diversità sono positive quando rispondono alle *esigenze umane e fondamentali della vita.*

Per rispondere a queste esigenze occorre non tanto il diritto quanto la *disponibilità* a considerare la propria identità strettamente correlata all'identità altrui. E questo non è un processo che avviene automaticamente, soprattutto perché da secoli siamo abituati a considerare la nostra civiltà come un modello paradigmatico per tutte le altre.

Rifondare l'Onu

D'accordo sulla necessità di rifondare l'Onu, onde sottrarre questo organismo alle strumentalizzazioni delle cinque potenze del Consiglio di Sicurezza, ma a quali condizioni? Il concetto di Onu come "governo sovranazionale" è già stato superato, seppure temporaneamente, con la prima guerra del Golfo, di Bush padre, nel 1991. I risultati sono ancora sotto i nostri occhi (basta vedere il problema kurdo). Quello che gli Usa non potevano più fare come "Usa", sono riusciti a farlo per mezzo dell'Onu. Il loro governo "sovranazionale", a livello economico, nell'area capitalistica, sono riusciti a legittimarlo anche sul piano *giuridico*. È stato come se l'imperialismo americano si fosse trasformato, per un momento, da "economico" a "politico", da *de facto* a *de jure*.

In realtà un governo sovranazionale non può essere amministrato né da una né da cinque nazioni. Non è singolare, in tal senso, che per far scoppiare una guerra regionale in piena regola, il Consiglio di Sicurezza non abbia avvertito il bisogno d'interpellare l'Assemblea Generale?[1] Non si capisce infatti per quale ragione le popolazioni (come ad es. la nostra) che contemplano nelle loro Costituzioni il divieto di servirsi della guerra come strumento di diritto, debbano considerare non valido questo principio quando se ne fa carico un organismo internazionale come l'Onu. È possibile che in nome di un'istanza superiore si possa derogare a un principio così fondamentale?

Fin dal primo articolo la Carta dell'Onu indica come fine primario quello di "mantenere la pace e la sicurezza internazionale". È vero che, in base all'art. 42 del suo Statuto, l'Onu può intraprendere azioni militari circoscritte, dirette a mantenere o ristabilire la pace (le quali devono svolgersi sotto il diretto controllo di tutto il Consiglio di Sicurezza): il che significa che una guerra gestita dall'Onu dovrebbe avere un carattere limitato, particolarmente contenuto e controllato. Ma anche sulla legittimità di una guerra del genere - se davvero vogliamo parlare dell'Onu, cioè di un organismo di pace e di diritto - occorrerebbe cominciare a riflettere seriamente.

A mio parere, l'unica "forza" di cui l'Onu dovrebbe disporre è quella *politica* e *morale*: al massimo si può pensare a quella delle *sanzioni economiche*, benché pure questa, senza iniziative di pace e di giustizia collaterali, rientra nell'uso del mero concetto di forza. In effetti, anche se, in luogo della guerra, si fosse applicato un rigoroso embargo, fino a mettere in ginocchio l'Irak, senza offrirgli altra possibilità che la resa (e lo si poteva fare), noi non avremmo fatto un passo avanti in direzione del concetto di "non-violenza" (o del concetto di "pace con giustizia").

Per vincere la violenza, il torto, il sopruso non basta usare l'isolamento e l'emarginazione, poiché spesso sono proprio queste cose che producono violenze, torti e soprusi. Occorre affrontare alla radice le cause che scatenano certi fenomeni. Bisogna allenarsi a questo atteggiamento, a questo stile di vita, che deve diventare quotidiano, generalizzato.

---

[1] Ammesso peraltro, e non concesso, che anche interpellando la suddetta Assemblea, l'Onu possa essere autorizzato a servirsi della guerra per risolvere le controversie internazionali.

Dobbiamo cioè abituarci ad affrontare i problemi con risolutezza e tempestività nel momento in cui nascono, per non trovarci impreparati quando essi si acuiscono o addirittura esplodono a causa della nostra indifferenza e trascuratezza.

La scelta estrema della guerra per risolvere il conflitto Irak-Kuwait è stata chiaramente, sin dall'inizio, il frutto di una precisa non-volontà di risolvere i problemi più urgenti di quella regione. Problemi alla cui origine vi è sicuramente il colonialismo e il neocolonialismo di nazioni capitalistiche come Gran Bretagna, Francia e soprattutto Stati Uniti, ma anche Germania, Giappone e Italia. I paesi petroliferi del Medio oriente (ma anche quelli non petroliferi) sono sottoposti da vari decenni a un saccheggio sistematico: vi contribuiamo tutti, incluso il professionista che accetta di andare a lavorare in Kuwait per un contratto favoloso, incluso l'automobilista che, pur lamentandosi dell'alto costo della benzina, non sa quanta parte di ciò che spende finisce effettivamente nelle tasche del paese-Opec da cui essa proviene, e neppure sa dell'esistenza di paesi produttori di petrolio costretti a importare benzina.

Finché i problemi dello sfruttamento neocoloniale non saranno affrontati (si potrebbe cominciare ad es. con una Conferenza internazionale sul Medio oriente), anche la semplice minaccia di espellere dall'Onu uno Stato arabo aggressore rischia di diventare un mero atto di forza. Là dove non si affrontano i problemi della giustizia, il diritto che si usa è sempre un pretesto per nascondere azioni di forza: in questo senso un governo sovranazionale potrebbe offrire alle nazioni imperialistiche una buona occasione perché esse sopravvivano meglio e più a lungo.

La seconda cosa di cui parlare è relativa al ruolo dell'Urss nella vicenda della guerra del Golfo. Mi pare che se si vuole parlare di "limiti" del governo sovietico, sia più giusto imputarli all'"ingenuità" e ai "condizionamenti interni". Ingenuità perché l'Urss, sopravvalutando il carisma internazionale di Gorbaciov, si è fidata che gli Usa avrebbero rispettato alla lettera il contenuto delle 12 risoluzioni dell'Onu contro l'Irak, ovvero che non sarebbero andati al di là del mandato ricevuto, compiendo un massacro. Quando il governo sovietico s'è accorto dell'errore, cioè della leggerezza dettata dalla "buona fede", ha cercato di recuperare il terreno perduto, puntando sulle armi diplomatiche, ma ormai era troppo tardi, per quanto, anche in seguito a tale lavoro diplomatico, l'Irak si sia arreso più facilmente senza condizioni.

Il governo sovietico aveva probabilmente pensato (qualcuno direbbe: "con ingiustificato ottimismo") che la fine della guerra fredda (ovvero l'inizio del post-comunismo), il crollo del muro di Berlino e la riunificazione delle Germanie, la morte del Patto di Varsavia... (tutte cose impensabili fino a qualche anno fa) sarebbero state condizioni sufficienti per ottenere dall'occidente fiducia, rispetto e collaborazione, Purtroppo i fatti hanno smentito queste aspettative, ma è sempre meglio subire degli smacchi mentre si persegue un fine giusto, che cercare di evitarli restando legati a principî sbagliati.

Il lato umano della *perestrojka*, questa volta, non ha sortito l'effetto sperato, ma la causa non va addebitata alla sola Unione Sovietica. Quello che è mancato è stato anche l'appoggio fermo e risoluto delle forze progressiste dell'occidente. Il problema, in effetti, è che la *perestrojka* è avvenuta soltanto nei paesi est-europei. In quasi tutto l'occidente è ancora la destra al potere. La *perestrojka* non ha avuto sull'occidente gli stessi effetti ideali, umanitari, emancipativi che ha avuto nell'area socialista. L'opposizione ai nostri governi reazionari è ancora troppo debole. Molti s'illudono che l'occidente non abbia bisogno di una "rivoluzione" del genere, altri sono convinti che la *perestrojka* segni la fine del socialismo *tout-court*: pochi hanno capito che la riproposizione dell'uomo al centro di tutti gli interessi politici, economici, sociali e culturali è una questione che non ha confini geografici.

Con la guerra del Golfo abbiamo comunque capito che l'Urss è finalmente uscita dal suo ruolo tradizionale di "superpotenza". Ora non possiamo più aspettare o pretendere ch'essa faccia da contrappeso all'imperialismo americano, cioè ch'essa si assuma la responsabilità di frenare tale imperialismo col deterrente nucleare. Non possiamo né dobbiamo giustificare la nostra incapacità a lottare contro la logica del capitalismo, delegando alle superpotenze la decisione finale dello scontro, col rischio che l'umanità si autodistrugga. È vero, nel corso del conflitto persico, l'Urss sembra uscita sconfitta dal confronto con gli Usa, ma si tratta - a ben guardare - di una sconfitta molto più grande, quella di tutto il mondo "pacifista e non-violento".

Se poi vogliamo credere che l'Urss di Gorbaciov ha ceduto alle pressioni americane, relative all'uso della forza, solo per un "piatto di lenticchie", allora c'è da credere: o che la *perestrojka* ha i giorni contati (e che il destino dell'umanità è quanto mai oscuro), oppure che i nostri pregiudizi sono così grandi che nessuna *perestrojka* potrà mai superarli.

Teoria della violenza

Quando la violenza è giusta?

Si può usare la violenza contro la violenza? Sì, tant'è vero che è prevista la *legittima difesa*.

Qual è la differenza tra violenza e legittima difesa? Normalmente si dice che il violento è colui che attacca per primo, ma spesso si dice anche che non c'è molta differenza tra chi "attacca" e chi si "difende" quando il modo di comportarsi è identico.

In realtà non ogni violenza è quella che appare. Quando uno Stato è padrone della forza militare, o pochi imprenditori sono padroni dei mezzi produttivi, la violenza quotidiana che si esercita sui cittadini non è tanto "fisica", quanto "sociale", "culturale" e "morale". In tal senso la legittima difesa dei cittadini potrebbe anche porsi in assenza di una specifica violenza fisica. Lo Stato oggi è talmente forte da non aver più bisogno dell'uso della forza fisica, a meno che non vi sia costretto dalla "resistenza" dei suoi cittadini.

Supponiamo che di fronte alla legittima difesa dei cittadini (legittima perché essi difendono il diritto a un'esistenza dignitosa), lo Stato, gli imprenditori comincino ad usare la violenza fisica (che è poi quella poliziesca e militare), quale diventerebbe il limite che distingue una violenza "giusta" da una violenza "ingiusta"?

Questo limite, ovviamente, non può basarsi esclusivamente sui mezzi che s'impiegano. Tecnicamente parlando può non esserci alcuna differenza tra le armi dell'oppressore e quelle dell'oppresso. Certo, l'oppresso, se difenderà i suoi interessi per realizzare la vera democrazia e non per sostituirsi semplicemente all'oppressore, cercherà di non usare i mezzi bellici in maniera indiscriminata e senza alcun rispetto dei diritti umani. Normalmente l'oppressore, sentendosi isolato, ha meno remore nei confronti del futuro: quando sta per perdere, distrugge tutto.

In ogni caso la differenza principale nell'uso dei mezzi bellici non è cosa che possa essere vista a occhio nudo. Essa infatti riposa nello *scopo* che ci si prefigge, nella motivazione di fondo che regge l'agire violento. La violenza dell'oppresso è giusta quando non è gratuita e soprattutto quando è finalizzata al bene della stragrande maggioranza dei cittadini, che vanno continuamente interpellati sull'uso di questa violenza.

Chi pensa di dover rinunciare all'uso di una violenza favorevole alle masse oppresse, per timore di commettere un'azione immorale, fa oggettivamente gli interessi dell'azione violenta degli oppressori e commette, inevitabilmente, un'azione ancora più immorale, poiché per non difendere i tanti finisce col difendere i pochi.

L'uso della violenza non va giudicato astrattamente, ma in base alle circostanze del momento. Non è forse vero che l'oppressore, quando vede la resistenza degli oppressi allo sfruttamento, giustifica l'uso della propria violenza appellandosi al principio della "legittima difesa"? E per quale motivo questo principio non potrebbe essere invocato dall'oppresso? Le parole di per sé non vogliono dire nulla se non si scoprono gli interessi che danno loro un significato.

Il terrorismo di stato

Di regola, nelle società cosiddette antagonistiche, il terrorismo è di Stato, nel senso che la classe dominante si serve di metodi più o meno brutali per reprimere gli oppositori, e quanto più questi sono forti tanto più forte è il terrorismo.

Che lo Stato faccia questo nell'area metropolitana o nelle sue colonie o neocolonie, non cambia assolutamente nulla. Quando il potere si sente minacciato oltre un certo livello, non esiste alcuna "zona franca".

L'opposto terrorismo che operano i gruppi di estrema sinistra che si dichiarano anti-statalisti, non ha mai avuto alcuna possibilità di successo, proprio perché deficitario sul piano strategico. Esso ha mezzi infinitamente minori per mascherare se stesso agli occhi della pubblica opinione, la quale non può desiderare di passare da una dittatura a un'altra.

Il terrorismo statale non tollera concorrenti di alcun genere e, quando ha a che fare col terrorismo di gruppi privati, non ha esitazione a usare le maniere forti, a meno che non decida di usare quello stesso terrorismo di sinistra per compiere azioni vantaggiose alla stabilità del sistema. Ma occorre avere una *intelligence* abbastanza evoluta per potersi infiltrare nelle linee del nemico.

È significativo che il terrorismo statale rifiuti a priori di trattare con qualunque forma di terrorismo privato, anche quando è in gioco la vita di una persona. Al terrorismo statale interessa unicamente il proprio potere, e il rifiuto di trattare viene sbandierato come una forma di coerenza coi principi della democrazia. Ecco perché esso lascia sacrificare le persone sequestrate dai terroristi, in nome della *ragion di stato*, che va salvaguardata ad ogni costo.

Un atteggiamento del genere lo si ritrova spesso nella storia degli Stati Uniti, ma l'abbiamo visto anche in Italia, nel corso della vicenda Moro. E lo vediamo ancora oggi nel rapporto degli inglesi con gli irlandesi o nel rapporto degli spagnoli coi baschi.

Il terrorismo statale può essere vinto solo con la democrazia. Ma perché ciò avvenga occorrono tre cose:

1. una crisi economica che affami la gente;
2. il crollo delle illusioni sulle capacità dello Stato nel risolvere la crisi;
3. la volontà di un'organizzazione di massa tesa a realizzare la rivoluzione politica e la sostituzione dello Stato con l'autogoverno della società.

Il terrorismo dei gruppi privati, essendo sostanzialmente settario, di regola si ferma al secondo punto, non avendo la pazienza di aspettare il "furore delle masse".

Armi e mercato

Le armi che abbiamo creato sfuggono al nostro controllo nella stessa misura in cui ci sfugge il controllo del mercato. Abbiamo creato un sistema totalmente in mano ai poteri forti, autoritari, che non solo non sono controllati da nessuno, ma non sono neppure in grado di controllare se stessi.

Chiunque presume di non dover essere controllato, è potenzialmente un nemico pericoloso per la società, anzi, considerando l'attuale consistenza del globalismo economico e militare, lo è per l'intera umanità.

La stessa tipologia di armi di cui questi potentati sono in grado di disporre si presta all'impossibilità di un controllo effettivo del loro impiego, come già dimostrato sin dalla prima guerra mondiale con l'uso dei gas, benché oggi si parli di "obiettivi chirurgici". Il valore personale dei militari è diventato inversamente proporzionale alla potenza delle loro armi. Una lotta corpo a corpo non esiste più. Oggi le guerre si fanno come davanti a un videogioco: si uccidono persone reali in un contesto del tutto virtuale.

La reazione che i poteri forti possono avere a quel che ritengono una minaccia per la loro sicurezza o per la loro autorità, reale o presunta che la minaccia sia, può anche esprimersi secondo criteri estranei a qualunque ragionevolezza umana. Infatti l'abitudine reiterata a gestire un potere assoluto, può indurre a compiere azioni il cui effetto può diventare inconsulto, imprevedibile, del tutto sproporzionato rispetto al rischio effettivo che si crede di subire o a qualunque intenzione o volontà di difesa si voglia manifestare. Tant'è che lo scoppio delle due ultime guerre mondiali è avvenuto cogliendo di sorpresa il mondo intero.

L'esercizio del potere assoluto deforma la percezione della realtà, esaspera i problemi, ingigantisce i pericoli, sottovaluta le conseguenze delle proprie azioni, rende incapaci di mediazioni. La tragedia del mondo contemporaneo è che la mancanza di esercizio della vera democrazia si verifica proprio nel momento in cui si crede di usarla (come quando p.es. si va a votare). L'occidente considera addirittura la propria esperienza di democrazia un prodotto da esportare, da far valere anche con l'uso delle armi, legittimato da risoluzioni di organismi internazionali, in cui solo le cinque nazioni del Consiglio di Sicurezza dell'Onu dispongono di effettivi poteri.

Oggi la dittatura più pericolosa non è quella del terrorismo internazionale, ma quella che porta a compiere dei crimini contro l'umanità proprio in nome di un'idea distorta di democrazia: un'idea che l'economia borghese divulga attraverso la democrazia delegata e questa la trasmette alla società attraverso il monopolio dell'informazione.

L'economia di mercato ha fatto perdere il controllo sulla produzione, la quale produzione implica anche quella delle armi di distruzione di massa, che, nonostante la fine della guerra fredda, non sono state smantellate, ma, anzi, tendono sempre più a diffondersi. E tutto ciò è avvenuto proprio in nome della formale democrazia borghese, che non è *sociale* ma semplicemente parlamentare, e si vanta di rappresentare la volontà popolare anche quando i governi in carica sono votati da una minoranza, rispetto a tutti gli elettori aventi diritto di voto (come succede p.es. negli Usa, definiti la più grande democrazia del mondo, dove solo la metà dell'elettorato si reca alle urne).

Se non recuperiamo il concetto di *autoproduzione*, se non ci liberiamo dal dominio del mercato, dagli indici quantitativi del prodotto interno lordo, da uno sviluppo meramente economico e non *sociale*, se la democrazia non smette d'essere delegata e non diventa *diretta*, non solo non saremo mai in grado di controllare le azioni dei poteri forti, economici e militari, ma rischieremo anche di dover ripetere i meccanismi della stessa formale democrazia borghese persino dopo aver subito catastrofi mondiali, belliche o ambientali che siano.

Se non comprendiamo la necessità vitale dell'*autogestione delle risorse produttive*, rischiamo soltanto di perfezionare gli strumenti e gli inganni per una successiva catastrofe mondiale. Dobbiamo uscire da questo tragico destino e perverso circolo vizioso, riducendo al minimo la forza del mercato, puntando decisamente sulla *decrescita* e tornando progressivamente all'*autoconsumo*.

E in questo ritorno dovremmo paradossalmente difenderci con le armi da chi vorrà impedircelo: armi proporzionate a un uso meramente difensivo. Nell'ambito del mercato non c'è alcuna possibilità di sopravvivenza dignitosa per chi non dispone di potere d'acquisto, proprio perché chi è abituato al potere assoluto, non vuole perderlo, non vuole vederlo diminuire, anzi, lavora ogni giorno per aumentarlo, costruendo monopoli sempre più vasti e complessi, in grado di dominare la scena internazionale. Noi dobbiamo sperimentare al massimo la nostra insipienza, sfruttando le risorse umane e naturali dell'intero pianeta, prima di arrivare a capire che la vera democrazia può e deve essere esercitata anzitutto a livello *locale*.

L'unico modo per poter controllare la gestione delle armi è quello di usarle per difendere il proprio territorio, in cui i cittadini decidono liberamente di praticare la *gestione collettiva dei mezzi produttivi*. Non abbiamo bisogno di un mercato mondiale per sentirci parte di uno stesso pianeta. Non ha alcun senso democratico uniformare i consumi per far sentire l'umanità una cosa sola.

Nel capitalismo non c'è alcuna possibilità che la politica controlli l'economia. E là dove si è tentato di farlo, usando gli stessi strumenti che la borghesia, sin dal suo nascere, si è data (lo Stato, la burocrazia, il parlamento, il partito politico ecc.), come nel cosiddetto "socialismo reale", il fallimento è stato totale. Qualunque idea di socialismo che non preveda l'*autoconsumo*, è destinata a trasformarsi in una dittatura. Qualunque idea di socialismo che non preveda l'uso della *democrazia diretta a livello locale*, è destinata a svolgersi in maniera opposta ai propri fini, e quindi a porsi contro gli interessi di esistenza del genere umano.

Le comunità locali potranno sentirsi parte di un unico pianeta soltanto quando non ci sarà nessuno che farà loro perdere l'*autonomia*.

L'estremismo politico di sinistra

L'estremismo politico e il terrorismo hanno oggi oltrepassato i limiti geografici di molti paesi capitalisti avanzati e sono diventati uno dei fattori più drammatici della vita internazionale. Da qualche tempo anzi questo è un tema assai frequente negli attacchi degli ideologi borghesi contro il socialismo, contro la politica estera dei paesi socialisti e i movimenti di liberazione nazionale e, da quando è crollato il "socialismo reale", contro l'islam in generale.

L'estremismo politico di oggi non possiede una coerente concezione del mondo né una piattaforma politica unica, neanche se si considera solo quello di "sinistra". Se prendiamo anzi proprio questa corrente, ci si renderà facilmente conto che le sue concezioni ideologiche altro non servono che a giustificare i crimini commessi e che si vogliono commettere. Il terrorismo può esistere anche senza una dottrina precisa né una sistematica strategia. Se esistono delle concezioni teoriche, il più delle volte si tratta di elaborazioni sincretiche molto eterogenee e superficiali.

Il sociologo S. Acquaviva sostiene che i movimenti contemporanei di estrema sinistra sono alimentati da tre fondamentali correnti ideologiche: il neomarxismo, i movimenti di alternativa e il neocattolicesimo. In realtà il ventaglio delle correnti è molto più ampio: vi si possono trovare frammenti delle tradizionali concezioni del rivoluzionarismo piccolo-borghese (a cominciare dall'anarchismo), ma anche elementi dell'ideologia radicale della "nuova sinistra" (ispirata dalla teoria critica della società, della Scuola di Francoforte), per non parlare di alcune reminiscenze delle concezioni terzomondiste di F. Fanon e R. Debray, sino al trotzkismo e al maoismo.

Ciascuna di queste correnti viene utilizzata dagli estremisti di sinistra in un modo puramente pragmatico, nel senso cioè che essi si servono di volta in volta di quelle idee che meglio giustificano le loro azioni.

Già Engels aveva detto che gli estremisti elevano la loro impazienza al rango di teoria rivoluzionaria. In effetti, il loro compito principale è quello di compiere "atti storici". Essi cioè vogliono sostituirsi alla storia, indicando a questa il percorso che deve fare in virtù delle loro azioni isolate.

Eppure questi estremisti ebbero una grande popolarità nel corso degli anni '70, dovuta probabilmente all'acuirsi della crisi economica del capitalismo e al peggioramento dello status sociale di quegli strati più deboli e quindi facilmente esposti alle promesse mirabolanti degli estremisti. I quali, da un lato, mostravano una visione particolarmente limitata delle loro idee, che si esprimeva nell'incomprensione o addirittura nella cosciente negazione della reale ripartizione delle forze in campo e dei legami di queste forze con partiti, sindacati ecc.; dall'altro invece erano propensi ad un'azione volontaristica e avventuriera.

Il deterioramento generale della situazione degli strati sociali non proletari della società capitalistica coincise, verso la metà degli anni '70, con l'acuta crisi della coscienza sociale piccolo-borghese, in particolare con la crisi del radicalismo *gauchiste* che, sin dalla fine degli anni '60, era stato visto da quegli stessi strati sociali come il movimento culturale e politico più significativo per una nuova alternativa rivoluzionaria non comunista.

Si sa bene infatti che, nella maggioranza dei paesi capitalisti, il nucleo delle organizzazioni estremiste venne formato dai veterani dei movimenti della "nuova sinistra" scesa in lotta nel '68. Il terrorismo nasce in un certo senso dal fallimento del '68.

In Italia il '68 andò avanti almeno sino al 1975-76, poi, a partire dal '77, si trasformò in terrorismo, raggiungendo l'apice nel '78 col delitto Moro. La caduta della popolarità degli ideologi radicali di sinistra, all'interno dei movimenti sociali di massa, portò a una crisi manifesta della loro ideologia e all'evidente fallimento delle speranze di un sollevamento del proletariato nella lotta per le trasformazioni rivoluzionarie. Per molti di questi ideologi la perdita di ascendente sulle masse, soprattutto sui giovani e sugli studenti, comportò la loro trasformazione "in generali senza esercito" e il ritorno nel ghetto dei gruppuscoli rivali e litigiosi, afflitti da tutti i complessi delle minoranze grigie e disperate.

Il ruolo di Marcuse

H. Marcuse occupò senza dubbio un posto a parte fra gli ideologi di sinistra degli anni Sessanta. I suoi scritti ottennero una larga diffusione fra la gioventù universitaria euroccidentale e il suo personale carisma venne in un certo senso creato e attivamente mantenuto dalla costante attenzione che gli prestava la stampa borghese. I giovani simpatizzavano volentieri con le sue appassionate analisi critiche dirette contro le società fondate sull'oppressione e lo sfruttamento dell'individuo, sulla loro crescente burocratizzazione.

La popolarità di Marcuse era dovuta anche al fatto ch'egli aveva dichiarato di sentirsi vicino al marxismo: cosa che gli permetteva di accostarsi, molto facilmente, alla gioventù che simpatizzava per la sinistra o che vi militava attivamente. L'elaborazione teorica di Marcuse seduceva i giovani anche perché attribuiva una particolare importanza agli strati sociali marginali, considerati "rivoluzionari" in sé e per sé. Plaudendo al radicalismo studentesco, Marcuse scriveva che gli studenti formavano una minoranza combattiva che, in virtù del suo alto livello di coscienza e del fatto ch'essa era abbastanza libera dai condizionamenti aggressivi della società capitalistica, sarebbe stata in grado di agire come una specie di avanguardia, soprattutto sul piano della "consapevolezza critica", ma anche in quello della pratica politica.

Queste idee, che appartenevano non solo a Marcuse ma anche a tutta la Scuola di Francoforte, fatte passare dalla pubblicistica occidentale per una corrente "neomarxista", costituirono una delle fonti principali dell'estremismo di sinistra. Viste da vicino, le concezioni di Marcuse, di W. Benjamin, di T. Adorno e M. Horkheimer, hanno in realtà ben poco a che fare col marxismo. Essi infatti rifiutavano categoricamente la concezione marxista della storia e del processo rivoluzionario, e sostenevano che, non i cambiamenti rivoluzionari da un modo di produzione a un altro, da una struttura sociale a un'altra, bensì le trasformazioni *psicologiche* degli individui, erano alla fonte del vero processo rivoluzionario della storia.

Per i rappresentanti di questa scuola la rivoluzione sociale, collettiva, era il trionfo delle possibilità della mitologia e dell'immaginazione sulla realtà profana del mondo. Sul piano ideologico essi contaminavano il movimento di protesta radicale di sinistra con un rivoluzionarismo piccolo-borghese, lontano da una prospettiva socialista vera e propria, e limitato altresì dal carattere distruttivo degli orientamenti di "rifiuto totale".

Non stupisce quindi che la maggioranza dei movimenti radicali di sinistra, che nel '68 avevano senza dubbio avuto un carattere di massa, già nella seconda metà degli anni '70 s'erano trasformati, dopo aver perso la loro *audience,* in gruppi poco numerosi, privi di qualsiasi credibilità. Tale processo si manifestò sia negli Stati Uniti che nell'Europa occidentale.

Fu per l'appunto l'isolamento di questi gruppi radicali autonomisti che portò all'uso della violenza terroristica. La generazione europea e americana dei radicali democratici cedette il posto a un nuovo personaggio sociale, il radicale "ribelle", che era praticamente il vecchio radicale democratico ora disperato e pieno di rancore. La perdita di fiducia nelle possibilità rivoluzionarie delle masse indusse centinaia di rivoluzionari piccolo-borghesi a impegnarsi sulla via del settarismo e del terrorismo individuale. Furono gli "anni di piombo".

Il disprezzo totale delle leggi dell'evoluzione sociale e delle condizioni oggettive nelle quali si svolge la lotta di classe, l'ipertrofia del fattore soggettivo, il ricorso alla lotta armata come ultima chance per realizzare finalmente una società più giusta: queste le regole che gli estremisti si erano dati per "giocare alla rivoluzione".

L'approccio al terrorismo fu determinato da fattori più psicologici che politico-ideali. Peraltro gli strati sociali che i terroristi si proponevano di "liberare" rivestivano un ruolo sempre meno importante nella loro strategia: le masse diventavano oggetto, non soggetto della lotta armata.

Se all'inizio gli estremisti poterono contare sull'appoggio di una parte della popolazione, da loro considerata come un soggetto potenzialmente rivoluzionario, in seguito essi furono costretti a rinunciare a questo appoggio, proprio perché intrapresero la lotta armata, nella convinzione d'essere gli unici veri rivoluzionari.

Alcuni ideologi estremisti, nel momento del loro più acuto pessimismo, pensarono addirittura che sarebbe stato meglio volgere i propri interessi e le proprie speranze verso le esperienze di lotta armata di liberazione nazionale e anticoloniale dei popoli d'Asia, Africa e America latina. Così, ed es. l'ideologo della Rote Armee Fraktion, H. Mahler, spiegando i motivi dell'assenza di un potenziale rivoluzionario nei paesi capitalisti avanzati, sosteneva che la risposta andava cercata nella coscienza corrotta del proletariato industriale, relativamente privilegiato, della Repubblica Federale Tedesca, per cui l'unica giustificazione possibile della propria azione rivoluzionaria stava in quella lotta armata contro l'imperialismo che i popoli proletari conducevano nei paesi sottosviluppati (pur in condizioni completamente diverse da quelle occidentali).

A. Geismar, un leader dei *gauchistes* francesi, definiva questi estremisti come dei "rivoluzionari senza rivoluzione". Numerosi terroristi euroccidentali, prendendo a modello l'esperienza del movimenti di liberazione di taluni paesi sudamericani, si misero ad elaborare proprie concezioni di guerriglia urbana, nel senso cioè che la guerriglia presente in quel continente, sorta per motivi del tutto specifici, veniva considerata come un metodo rivoluzionario universale, utile soprattutto alle forze rivoluzionarie ancora deboli (vedi il manifesto dei *tupamaros* uruguayani pubblicato da R. Debray, le esperienze dei *guerrilleros* urbani e rurali, dei *montoneros* argentini e altri gruppi simili).

Avversari del socialismo

Quando si ascolta parlare gli estremisti di sinistra o si leggono le loro pubblicazioni si ha l'impressione, con tutte quelle sigle e organizzazioni "proletarie", "comuniste", "operaie", "rosse" e di "sinistra" di cui si vantano, che il marxismo non abbia seguaci più fedeli che fra i gruppi estremisti e terroristi. Quest'ultimi in realtà possono essere considerati degli avversari del marxismo e del socialismo. Ciò lo si nota soprattutto nella sfera ideologica, perché è qui che l'estremismo di sinistra rende alla politica imperialista dei servizi particolarmente importanti.

Il fatto che gli estremisti di sinistra facciano largo uso nei loro "manifesti urlati" di proclami aventi una terminologia marxista, serve, come noto, da pretesto alla propaganda borghese per identificarli coi comunisti. Molti estremisti si prestano a questa strumentalizzazione involontariamente, ma tale inconsapevolezza può trovare delle attenuanti solo in presenza dì una debole alternativa marxista. Normalmente comunque essi si servono del marxismo solo per giustificare le loro posizioni ideologiche e i loro interessi politici.

La visione del marxismo di questi ideologi sedicenti di sinistra è generalmente improntata alle affermazioni diffuse dagli ideologi borghesi, secondo cui il marxismo, non basandosi sulle leggi del mondo, ma anzi volendole piegare arbitrariamente alle esigenze di certi schemi ideologici, sarebbe costretto a fare ricorso alla violenza politica. Ecco perché questi estremisti di sinistra, che professano un soggettivismo esasperato, considerano il marxismo come un mezzo per imporre le loro concezioni ideali e la loro dittatura minoritaria a tutta la società.

L'ideologo della Raf, H. Mahler, ma anche la terrorista U. Meinhof ritenevano possibile una rivoluzione solo nella misura in cui c'era qualcuno disposto a compierla. A forza di venerare la rivoluzione come un simbolo para-mistico, come uno spirito che può essere evocato con uno sforzo di volontà durante una seduta spiritica, gli estremisti dì sinistra si trasformano in sacerdoti d'un culto rivoluzionario e cominciano a vedere nella rivoluzione non un mezzo per risolvere i problemi sociali venuti a maturità, ma un fine a se stesso.

In questo senso la grande differenza che esiste fra le loro concezioni piccolo-borghesi e il marxismo la si nota soprattutto quando si tratta di usare la violenza per dei fini politici. Mentre infatti i comunisti ammettono la possibilità e talvolta la necessità del ricorso da parte delle masse a metodi violenti contro il terrorismo esercitato dalle classi sfruttatrici, per gli estremisti invece è solo il ricorso alle armi in grado di generare un vero slancio rivoluzionario e provocare lo scatenamento della lotta liberatrice delle masse.

Essi in pratica si rifanno alle vecchie dottrine anarchiche secondo cui ogni battaglia individuale, condotta in modo eroico, sveglia nelle masse lo spirito della lotta e del coraggio. La realtà però ha dimostrato che tali iniziative, isolate o di piccoli gruppi, possono soltanto provocare nell'immediato un'impressione superficiale, passeggera, non una vera mobilitazione delle masse, le quali vanno educate e si devono educare con un lavoro più paziente, più prosaico e meno spettacolare, affinché si formi e si sviluppi una matura, consapevole e attiva coscienza di classe.

L'universo settario del terrorismo

Secondo i profeti del terrorismo solo la violenza permette di compiere dei miracoli politici. Le azioni terroristiche e criminali, che negli anni passati hanno senza dubbio fatto numerose vittime, avevano come scopo quello di formare un esercito di "veri rivoluzionari" radicalmente ostili alle forme tradizionali della lotta politica. La violenza politica era considerata dai *weathermen* americani come il mezzo migliore per formare una coscienza rivoluzionaria nelle masse del loro paese.

Anche H. Mahler sosteneva che la guerriglia doveva diventare una scuola di pratica politica dei quadri rivoluzionari. Da questo punto di vista - affermava l'ideologo della Raf - una tecnica molto elaborata di rapine alle banche era praticamente in grado di rimpiazzare un appoggio politico di massa. Così pure si riteneva - citando Mao Ze Dong - che con un lancio di bombe contro gli apparati statali repressivi si faceva irruzione nel pensiero delle masse.

Sentendosi isolati dalle principali forze di classe della società, i teorici dell'estremismo e i suoi esecutori si sforzarono verso la seconda metà degli anni '70, per mezzo d'una violenza deliberatamente provocata, di porre in una situazione di rottura con la società il maggior numero possibile di giovani schiacciati sotto il peso delle contraddizioni capitalistiche.

Tuttavia i loro metodi di reclutamento ideologico e politico non servirono a colmare la marginalità dei gruppi giovanili nel contesto della società borghese, ma, al contrario, ad ampliarla. Non si cercò cioè un collegamento con la lotta politica delle masse, ma si volle affermare a tutti i costi, anche a costo del terrore individuale, un'interpretazione settaria della lotta politica e sociale. In virtù di tale interpretazione furono colpiti non solo gli esponenti della reazione e i portavoce degli interessi dei capitale, ma anche tutte le forze democratiche e rivoluzionarie della società, incluse quelle comuniste.

L'arma della provocazione occupa un ruolo speciale nella tattica delle organizzazioni estremiste. A giudizio dei terroristi, gli atti di violenza non sono finalizzati a procurare dei risultati concreti nell'immediato, quanto piuttosto a dimostrare, a causa della inevitabile reazione repressiva dello Stato borghese, quanto sia autoritario quest'ultimo, e ad allargare di conseguenza la fase della protesta sociale.

A dir il vero, sin dagli avvenimenti del Maggio francese, i leader radicali di sinistra del movimento studentesco ritenevano che fosse un bene ogni scontro con la polizia che facesse almeno qualche vittima. Solo in seguito tuttavia si è cominciata a fare della vera e propria propaganda armata. Per giustificare le loro azioni, i terroristi - in stretta aderenza ad una vecchia tradizione dell'estremismo anarchico - invocavano la necessità della violenza armata individuale, considerata come una "reazione difensiva".

Gli autonomisti italiani dichiaravano che la loro violenza rappresentava l'autodifesa della classe proletaria contro la violenza esercitata quotidianamente dallo Stato. Siccome la violenza dello Stato è ambigua e latente, bisognava, secondo loro, non soltanto denunciarla verbalmente ma anche costringerla ad emergere in superficie. In che modo? Spingendo appunto lo Stato, con delle provocazioni armate, a ricorrere all'uso della violenza e della repressione politico-giudiziaria.

In effetti i terroristi riuscirono a conseguire questo obiettivo: anche nel nostro paese sono aumentate le leggi speciali ed eccezionali, con le quali non solo si cerca di colpire il terrorista dichiarato ma anche quello presunto e in genere tutti quei cittadini che, per un motivo o per un altro, suscitano dei sospetti nei tutori dell'ordine pubblico (si pensi alle inique disposizioni da noi vigenti sulla carcerazione preventiva).

Purtroppo però i terroristi, sull'altro versante, quello dell'aumento della protesta sociale, della consapevolezza critica, della maturità politica contro lo Stato borghese, che certo resta repressivo, non hanno conseguito un solo obiettivo. Il terrorismo, in fondo, è fallito proprio per questa sua intrinseca contraddizione, e cioè che mentre lotta per l'abbattimento del sistema capitalistico, in ultima istanza non fa che rafforzarlo.

Lo schema terroristico del "tanto peggio tanto meglio" ricorda molto da vicino le tesi dell'anarchico russo S. Nechaev, secondo cui un forte sviluppo di "mali e disgrazie" doveva ad un certo punto far perdere la pazienza al popolo e costringerlo a insorgere. Tradotto nel linguaggio moderno delle Brigate Rosse questo significa che lo scopo delle azioni sovversive è di provocare da parte dello Stato una reazione di tipo autoritaria o fascista, alla quale si possa poi rispondere con la mobilitazione del popolo in una guerra civile. L'importante per le B. R. era che l'*establishment* fosse costretto a togliersi la maschera riformista, cioè l'involucro democratico-liberale usato in genere per illudere le masse. Di qui la costante ricerca di prove artificiali per evidenziare la natura repressiva dello Stato borghese contemporaneo.

Paradossalmente in questa ricerca gli estremisti di sinistra trovano un alleato "oggettivo" (anche se soggettivamente può non esserci alcun rapporto) proprio nelle forze ultrareazionarie dell'estrema destra, le quali da sempre sostengono di voler lottare contro il parlamentarismo, il riformismo e la democrazia borghese, per l'affermazione di uno Stato autoritario e fascista, che tale però resti anche di fronte a una resistenza popolare. Non solo, ma i terroristi di sinistra perdono come potenziali alleati anche tutte quelle forze democratiche e rivoluzionarie che, come loro, vorrebbero il superamento del capitalismo.

Errori ed illusioni

Rivaleggiando con lo Stato nell'uso della violenza politica, gli estremisti aspirano ad essere considerati come un polo dell'influenza politica, opposto alla classe dirigente, nell'illusione di combattere politicamente lo Stato su un piede di parità. Tale contrapposizione bipolare serve soltanto per eliminare di scena tutte le forze intermedie, tutti i rivali (specie i partiti e i sindacati della classe operaia) che, secondo gli ideologi estremisti, impediscono un duello diretto con lo Stato.

D'altra parte la specificità del terrore politico esige la personificazione dell'avversario da colpire fisicamente. Sfidando con arroganza lo Stato, il sistema e la società, gli organizzatori degli atti terroristici cercano di ridimensionare il loro grande nemico, lo Stato, identificandolo, di volta in volta, con una vittima scelta più o meno a caso, fra le migliaia che si vorrebbero colpire.

Un dirigente, un poliziotto, un politico, un giudice, un giornalista ecc.: persone come queste vengono unicamente considerate come simboli, mentre il sistema di potere esistente è visto come il frutto del complotto di un pugno di malfattori. Nel peggiore dei casi si compiono attentati senza un preciso obiettivo, ma solo per seminare il panico, per screditare il governo, per scatenare la repressione o per darsi l'illusione della forza e dell'importanza politica.

In effetti i terroristi sono molto sensibili alla risonanza sociale che coi loro attentati riescono a ottenere; in questo senso è da escludere categoricamente ch'essi si accontentino di colpire singole vittime o d'impaurire quei gruppi di persone che la vittima frequentava. Lo scopo è piuttosto quello di dimostrare che fra loro e lo Stato esiste una sorta di "guerra popolare permanente", della cui esistenza si deve rendere conto la maggior parte possibile della popolazione d'un paese.

Gli estremisti "rossi" tuttavia non hanno nulla a che vedere con questo o quel movimento di liberazione popolare. La violenza utilizzata da tali movimenti (p. es. nella lotta del popolo vietnamita o dalle forze insurrezionali sudamericane) è sempre stata diretta sia contro l'oppressore straniero, sia contro il regime tirannico locale, basandosi sull'appoggio (diretto o indiretto, occulto o palese) della popolazione. Al contrario, le azioni terroristiche dei nostri estremisti non tengono in alcun conto l'appoggio delle masse. Esse avvengono parallelamente alla lotta di classe popolare.

Cercando di risolvere l'ovvia contraddizione fra la concezione ufficialmente proclamata di "guerra popolare" e la pratica di atti di sabotaggio perpetrati da gruppi isolati, H. Mahler affermò, basandosi sulla specificità della guerriglia urbana, che i terroristi possono fare a meno dell'aiuto della popolazione, in quanto a loro è molto più comodo restare nell'anonimato, utilizzando i molti "covi segreti" di cui dispongono nelle diverse città. Sotto questo aspetto la lotta armata è per molti terroristi non un mezzo razionale per raggiungere un determinato scopo politico, ma piuttosto un'espressione "esistenziale", puramente soggettiva, dei loro sentimenti di disgusto e di odio per la vita.

Persone di tal genere difficilmente riescono a coltivare rapporti di amicizia, di amore, di parentela che non siano strettamente funzionali al desiderio di distruggere l'intera società. La loro fondamentale missione storica consiste appunto in questo, nel distruggere quello che c'è.

In genere gli estremisti evitano di formulare espressamente le loro idee riguardo alla fisionomia del futuro mondo che, da loro dovrà essere "liberato". Quando lo fanno succede che ogni gruppo estremista, persino ogni leader di ogni singolo gruppo, sogna una propria versione del futuro "regno di libertà": una versione così astratta e schematica che non ha nulla da spartire con la realtà sociale. Ecco perché diventa praticamente impossibile, da parte di chi cerca di comprendere questo fenomeno, trovare una qualche coerenza fra le loro parole e i fatti concreti.

È più facile analizzarlo da un punto di vista psicologico e sociale: qui infatti ci si rende conto di quanto mai contraddittorio sia l'universo settario dei terroristi. Manie di grandezza che convivono con complessi di inferiorità; l'affermazione di un mondo di combattenti per la "libertà universale" e nel contempo l'esigenza d'imporre tale libertà mediante l'instaurazione di una dittatura personale; un mondo di leader popolari "storici" che si tengono continuamente nascosti... Persino l'esiguità dei loro effettivi viene fatta passare per una garanzia di mobilità e di efficacia operativa.

I rapporti fra i diversi gruppi estremisti sono abitualmente segnati da discussioni e dissensi a non finire. Gli sproloqui pseudorivoluzionari in cui si cimentano i rappresentanti delle diverse frazioni non contribuiscono affatto a unire, bensì a dividere. Ad ogni svolta determinata dagli avvenimenti della vita, i gruppi tendono a scindersi in gruppi ancora più piccoli. In formazioni di tal genere i semplici conflitti personali, le lotte per l'influenza politica, le divergenze d'opinione assumono proporzioni inverosimili, trasformandosi in questioni di vita o di morte.

Questo perché, avendo un atteggiamento ostile verso il mondo esterno, la cui influenza rischia sempre, secondo loro, di distruggere la setta, i terroristi temono qualunque atteggiamento o idea che metta in discussione i solidi muri eretti per restare completamente isolati. Di qui i continui reciproci sospetti, le accuse di tradimento o di concessione al nemico ideologico, nonché tutte quelle procedure per l'adesione dei nuovi membri o per la loro scomunica, che ricordano molto da vicino le sette religiose. I neofiti devono passare attraverso alcune prove, molto selettive: dalle azioni di piccola violenza a quelle determinate politicamente, fino al terrorismo vero e proprio. I capi esigono un'incondizionata sottomissione e la devozione fanatica alla "causa".

I tentativi degli estremisti di "giocare" alla rivoluzione e alla guerra civile non costituiscono una seria minaccia al regime capitalistico. Essi infatti combattono lo spirito borghese coi mezzi della società borghese. Questa violenza criminale e amorale pone a fondamento del proprio essere il principio machiavellico, anzi gesuitico, secondo cui "il fine giustifica i mezzi". Un principio che appunto rivela la debolezza del loro rapporto con le masse popolari, le quali, quando sono in procinto di compiere azioni rivoluzionarie, non hanno bisogno di ricorrere a mezzi ingiusti per conseguire un fine giusto.

L'esempio più clamoroso di cosa voglia dire proclamare determinati scopi politici e realizzarne altri completamente diversi, è stato offerto nel nostro paese in occasione del delitto Moro. Le B. R. rapirono lo statista democristiano per impedire il compromesso storico con i comunisti e per costringere il paese a una svolta autoritaria nei confronti della quale la popolazione avrebbe dovuto reagire in modo rivoluzionario.

Invece quella parte della Democrazia cristiana contraria al compromesso storico approfittò della situazione per convincere tutto il paese (o quasi) a non trattare con le B. R. e quindi a eliminare un leader scomodo come Moro. La parola d'ordine che la Dc lanciò e che ancora oggi si condivide fu che *in nome della ragion di stato si può anche sacrificare la vita di un uomo*. Forse che le B. R. riuscirono a dimostrare che lo Stato era antidemocratico nel volere la morte di un uomo mentre quest'uomo stesso chiedeva di trattare? E come avrebbero potuto riuscirvi se i mezzi di comunicazione erano tutti in mano a chi volle servirsi di loro per realizzare i propri progetti conservativi? Il massimo che riuscirono a fare fu quello di dimostrare allo stesso Moro di quale perfidia era caratterizzato il suo partito (ciò che si è chiaramente capito dalle sue lettere). Ma alle B. R. non poteva bastare una semplice vittoria morale: l'assassinio di Moro doveva servire per dare credibilità politica al movimento. In realtà quello fu l'inizio della loro fine.

Assassini, terroristi e rivoluzionari

Noi non sappiamo perché la natura ci fa così, con queste nostre caratteristiche sociali e psico-somatiche, da viversi in una limitata condizione spazio-temporale. Noi le ereditiamo da chi ci ha preceduto e dobbiamo cercare di gestirle in modo da non dover negare la nostra umanità.

Il compito che abbiamo è quello di essere noi stessi, anche se vorremmo essere diversi (più forti, più sani, più belli, più ricchi ecc.). Chi non accetta la propria condizione, appare come un *alienato*, nel senso che è "diviso" dalla propria umanità.

Naturalmente questo discorso potrebbe far comodo a quegli alienati che governano gli individui, cioè a quelle persone che sono più alienate di altre e che vogliono far di tutto per sentirsi e apparire diverse, e che soprattutto non sopportano chi li ostacola in questo loro cammino di successo.

È proprio così che scoppiano le rivoluzioni. Quando gli individui non riescono più a gestire le loro caratteristiche sociali e psico-somatiche in determinati ambienti spazio-temporali, in maniera tale da non dover contraddire la loro propria umanità, cioè quando ci si trova costretti a far cose che non si vorrebbero e non si ha alcuna voglia di addebitare alle proprie caratteristiche la fonte delle proprie disgrazie, in quanto si ritiene vi siano cause molto più gravi, assolutamente insopportabili, indipendenti dalla propria volontà e anzi chiaramente dipendenti dalla volontà dei cosiddetti "poteri forti", ecco che scatta l'esigenza di farla pagare a qualcuno e forse all'intero sistema.

La diversità tra un assassino, un terrorista e un rivoluzionario sta proprio in questo, che il primo elimina chi, secondo lui, ha caratteristiche migliori delle proprie e sembra sopportare meglio il peso delle contraddizioni sociali (si pensi p.es. a quando le comunità cercano un capro espiatorio, ma anche agli assassini a titolo individuale e che magari erano partiti semplicemente coll'intenzione di rubare, ma anche a quelli che per sentirsi "diversi" entrano nella criminalità organizzata). Ci si vuol *fare giustizia da sé*, a spese altrui (cioè di chiunque appaia stare meglio), nella speranza di poter migliorare la propria condizione personale, facendo leva solo sulle proprie capacità o su quelle del proprio clan.

Il terrorista invece fa di tutto per eliminare fisicamente i centri dei poteri dominanti (politico-istituzionali, economico-produttivi), e qui è impossibile che non vengano in mente i regicidi, le Brigate Rosse, la Raf, Al Qaeda ecc. Il terrorista vuol compiere un gesto estremo, individualistico o di un piccolo gruppo isolato, che abbia rilevanza simbolica, possibilmente a livello nazionale o addirittura mondiale; un gesto che si vuole far apparire come dettato da ideali di giustizia per l'intera collettività di oppressi.

Il terrorista s'illude sempre che il potere s'intimorisca, che scenda a trattative particolari con lui, quando invece di regola si fortifica, accentuando i suoi lati autoritari.

Nel mondo religioso il terrorista si serve spesso del tentativo di far coincidere martirio con suicidio. Oggi lo vediamo in alcune frange islamiche fondamentaliste, ma nel passato lo si poteva constatare anche tra i cristiani, i quali, con molta più astuzia degli odierni estremisti, facevano in modo che il loro martirio passasse per un assassinio di stato. Per far questo bastava dire di voler rispettare tutte le leggi dello Stato, ad eccezione di quella che impediva di credere nella divinità del *solo* Gesù Cristo (e non *anche* in quella dell'imperatore).

Si facevano ammazzare per un diritto giusto (quello di credere nelle proprie convinzioni), e trascuravano tutti gli altri diritti (sociali, economici, politici...) che giustificavano l'esigenza di un'insurrezione popolare, e per sembrare migliori degli altri credenti, in quanto appunto martiri dello Stato, amavano esasperare le situazioni, portarle a un punto di rottura insanabile. Amavano anche infiltrarsi negli ambienti più prestigiosi del potere; infatti appena poterono, pretesero che la loro religione fosse l'unica ammessa e cominciarono a perseguitare tutti gli altri credenti.

I rivoluzionari invece sanno bene che se non insorge il popolo o comunque la sua maggioranza, o comunque quelli che non hanno più nulla da perdere e che non faranno marcia indietro, una volta presa la decisione di insorgere, quelli che non "giocheranno a fare i rivoluzionari", proprio perché temono che, in caso di sconfitta, la reazione di chi comanda sarà spietata e crudele, ebbene costoro sanno con certezza che, senza il popolo, non esiste alcuna possibilità di successo. Tra questi rivoluzionari il più grande che la storia abbia mai avuto è stato Lenin.

Chi vuol fare il rivoluzionario e non cerca di capire come sia stato possibile che un uomo abbia potuto preparare nel proprio paese, stando all'estero, in neppure vent'anni, la più grande rivoluzione della storia, una delle pochissime ad avere avuto successo, per quanto successivamente tradita dallo stalinismo, non ha speranze di sorta.

Umanismo e violenza nella tradizione eversiva russa

Una delle principali motivazioni con cui s'è giustificato il crollo del cosiddetto "socialismo reale" è stata quella secondo cui l'*umanismo* è un principio estraneo alle istanze sociali rivoluzionarie, giacché ogni rivoluzione è inseparabile dalla violenza e questa è incompatibile coi *valori umani universali*: quindi prima o poi ogni rivoluzione fallisce e i fallimenti sono tanto più tragici quanto più si cerca d'impedire con la forza il loro fatale destino.

A riprova di questa tesi si citano non solo il terrore giacobino del 1789-93 ma anche la politica repressiva dei bolscevichi durante il comunismo di guerra, gli orrori del regime staliniano o di quello maoista o di altre dittature comuniste. In particolare si sostiene che la violenza dei bolscevichi si colloca su una tradizione ben consolidata, che risale agli atti terroristici dei populisti e dei socialisti-rivoluzionari e che ideologicamente trova il suo incipit nelle teorie dei democratico-rivoluzionari. Da questa tradizione si salverebbero soltanto i decabristi, che si limitarono a impaurire lo zar, senza scendere ad atti concreti (uno degli organizzatori della dimostrazione, P. Pestel, poi giustiziato, rinunciò a compiere l'attentato, temendo di coinvolgere troppi innocenti).

Il romanzo di F. Dostoevskij, *I demoni*, è considerato quasi come un paradigma di tutte le conseguenze negative della coscienza rivoluzionaria. Nemico intransigente di ogni violenza rivoluzionaria, Dostoevskij non rigettava affatto l'uso della violenza in generale, tant'è che fu costretto a farsi quattro anni di lavori forzati e altri sei come soldato semplice nell'esercito. Il radicalismo russo ha sempre accettato l'idea secondo cui può essere giustificata la violenza diretta contro gli oppressori e gli sfruttatori. Nel suo *Novembre 1916*, A. Solženicyn ricordò che persino la prima Duma liberale s'era rifiutata di condannare moralmente il terrorismo, anzi più volte pretese l'amnistia per i terroristi.

Varlam Šalamov (1907-82), autore dei *Racconti della Kolyma*, scrisse che le cause di quel terrore così disastroso, che s'abbatté sulla Russia dagli anni Venti agli anni Quaranta, era stato una diretta conseguenza del fatto che gli scrittori "umanisti" russi della seconda metà del XIX sec. ritenevano del tutto giustificabile l'uso della violenza per abbattere i governi repressivi. Šalamov intendeva riferirsi non solo agli scrittori d'orientamento populista e socialista che predicavano la fine dello zarismo, ma anche ai seguaci della filosofia tolstoiana, la cui ben nota giustificazione della "non resistenza al male" fu solo una conseguenza della crisi mistica che colpì il grande scrittore, una crisi che in seguito riguarderà altri eminenti intellettuali, passati dal socialismo al cristianesimo, come p.es. il teologo S. N. Bulgakov, l'esistenzialista N. Berdjaev e lo stesso Dostoevskij.

Persino il filosofo religioso V. Solov'ëv, le cui idee non vengono certo considerate antiumaniste, affermava che la violenza in sé non può essere considerata immorale. E lo diceva criticando le opinioni del Tolstoj cristiano, secondo cui la violenza è inammissibile sotto qualunque forma e in qualunque circostanza.

Solov'ëv scriveva che in certe situazioni la violenza è addirittura necessaria dal punto di vista morale: p.es. quando si arriva a uccidere, anche involontariamente, un criminale che minaccia l'incolumità degli altri. Gli stessi cristiani - diceva ancora Solov'ëv - non rinunciavano a servirsi della forza dello Stato per scatenare guerre contro i loro nemici.

Nonostante questo, egli disprezzava profondamente il socialismo, ritenendo ch'esso sacrificasse del tutto i valori morali sull'altare degli interessi materiali (cfr *La critica dei principi astratti*). A quel tempo, contro questa visione distorta del socialismo s'era sollevato un docente di diritto presso l'Università di Mosca, B. Čičerin, di idee liberali filo-occidentali, che invece vedeva proprio nei princìpi morali, il primo dei quali era la giustizia sociale, la molla che aveva fatto nascere il socialismo rivoluzionario (cfr *Il misticismo nella scienza*).

Persino un *supporter* della filosofia mistica di Solov'ëv, E. Trubetskoj, arrivò a dire che l'umanismo, nella seconda metà del XIX sec., era professato in Russia dai rivoluzionari atei e che sarebbe stata impossibile una diffusione così repentina del socialismo se ci si fosse basati unicamente sugli interessi materiali (cfr *La concezione del mondo di V. Solov'ëv*).

In effetti l'idea di servirsi di soluzioni pacifiche, diplomatiche, è relativamente recente, risalente al secondo dopoguerra: prima d'allora era normale considerare le civiltà fondate sulla violenza (schiavismo, servaggio...). Lo stesso sviluppo della borghesia sarebbe stato impossibile senza l'uso della violenza, che Marx definiva col termine di "levatrice della storia", senza per questo voler dire che i rivoluzionari erano dei vampiri assetati di sangue.

Le attuali procedure basate sul confronto democratico sono esse stesse il risultato di una lunghissima lotta cruenta che gli oppressi hanno condotto per rivendicare i loro diritti. Nella storia è difficile incontrare delle rivoluzioni che non siano state fatte per liberare le masse da una qualche forma d'insopportabile oppressione. P. es. durante la prima rivoluzione borghese, iniziata nel 1566 nei paesi Bassi, molti si sollevarono contro il culto cattolico delle immagini religiose (una sorta di iconoclastia come ai tempi del basileus Leone III). Oltre 5.500 chiese e monasteri vennero distrutti. Il vero motivo, in realtà, era che gli olandesi non sopportavano più d'essere colonizzati dagli spagnoli. Le truppe imperiali soffocarono nel sangue la rivolta, la cui motivazione formale stava semplicemente nel fatto che la chiesa cattolica usava violenza contro i calvinisti. L'insurrezione riesplose sei anni dopo, scatenando una guerra civile che si concluderà solo nel 1609. E l'Olanda diventerà uno dei paesi più democratici d'Europa.

E la rivoluzione inglese non durò forse mezzo secolo? Circa sette anni dopo l'inizio della guerra civile, nel 1649, il re Carlo I fu giustiziato da Cromwell, il quale però, pur cercando di consolidare il proprio potere, fece molto perché in Inghilterra s'instaurasse un regime parlamentare.

Questo per dire che la storia nega l'idea che la democrazia possa svilupparsi senza rivoluzioni, il che di per sé non vuol dire che le rivoluzioni debbano essere considerate l'unico modo per sviluppare la democrazia, né che debbano per forza essere sanguinose. L'assalto al Palazzo d'Inverno, con cui si pose fine alla dittatura plurisecolare zarista, costò la vita soltanto a cinque marinai e un soldato.

Appare singolare che ancora oggi gli ideologi borghesi sono più disposti ad ammettere un enorme spargimento di sangue nelle guerre tra nazioni, in cui vengono coinvolti, nel ruolo di militari, persone che non avrebbero alcun motivo di combattere, che non ad ammettere uno spargimento molto minore di sangue quando i contendenti appartengono a classi sociali opposte all'interno di una medesima nazione. Quale guerra è più fratricida? Quella dove milioni di operai e contadini di una nazione ammazzano milioni di operai e contadini di un'altra nazione (come è avvenuto nelle ultime due guerre mondiali), o quella dove gli operai e i contadini di una nazione si ribellano a un pugno di sfruttatori della loro stessa nazione?

Qui non si deve dimenticare il fatto che dopo la lunghissima fase del comunismo primitivo, la storia ha conosciuto nuove civiltà basate unicamente sugli antagonismi sociali, cioè sulle differenze inconciliabili di ceti, classi, caste... La violenza è parte costitutiva di queste civiltà, nel senso ch'essa viene esercitata anche quando gli oppressi non manifestano atteggiamenti di protesta.

Per un intero secolo (1789-93, 1830, 1848, 1871) la Francia fu sconvolta da quattro rivoluzioni e da circa vent'anni di guerre napoleoniche. Ora, chi mai potrebbe dire che le rivoluzioni di questo paese sono state il risultato del carattere "sanguinario" dei propri rivoluzionari? Non sarebbe forse più giusto dire ch'esse sono state provocate dalla pervicace volontà delle classi egemoni di conservare i propri privilegi? E chi potrebbe oggi mettere in dubbio il carattere democratico delle istituzioni francesi?

In Russia le rivolte contadine furono solo un mezzo estremo per liberarsi di un giogo divenuto insopportabile e che gli agrari avrebbero voluto conservare *ad libitum*. N. Černyševskij ebbe a dire che, a volte, persino i rivoluzionari che le sostenevano diventavano vittime delle masse insorte. Sapeva bene infatti che l'esasperazione contro i latifondisti intenzionati a non fare concessioni di sorta, portava facilmente a reazioni incontrollate.

Anche Herzen, Pisarev... consideravano la rivoluzione come un mezzo estremo cui era possibile ricorrere quando tutti gli altri mezzi s'erano rivelati inefficaci. Non vedevano in questo un soggettivismo malato dei rivoluzionari. Potrà anzi apparire inverosimile, ma lo stesso comitato esecutivo populista, "Narodnaja volja" ("Volontà del popolo"), che decise di assassinare lo zar Alessandro II nel 1881, protestò contro l'attentato mortale, nello stesso anno, al presidente americano J. A. Garfield, sostenendo che in un paese come gli Stati Uniti esisteva, a differenza che in Russia, la possibilità di una lotta ideologica "onesta" e il popolo era in grado d'intervenire sulle leggi e di decidere persino il tipo di governo.

Lo stesso Comitato spedì una lettera al nuovo zar di Russia affermando che nel precedente regicidio non vi era stato nulla di "personale": i rivoluzionari venivano creati dalle circostanze, che nella fattispecie rappresentavano milioni di contadini intenzionati a volere la fine del servaggio. Un assassinio del genere - possiamo aggiungere noi - non può neppure lontanamente essere paragonato a quello che fecero i bolscevichi nei confronti dell'ultimo zar Nicola II e della sua famiglia, per quanto l'organizzatore di quella fucilazione, Jurovskij, fosse convinto d'aver compiuto un dovere supremo per il bene dell'intera umanità.

D'altra parte se è vero che grandi scrittori come Tolstoj, Dostoevskij, Saltykov-Ščedrin... detestavano la violenza rivoluzionaria, è anche vero che detestavano ancor più quella ammantata di legalità dello zarismo. A quel tempo chiunque insorgesse contro l'autocrazia suscitava ammirazione per il suo eroismo, per la sua abnegazione, anche in coloro che ne rifiutavano i mezzi con cui abbatterlo.

Marx ed Engels appoggiavano le iniziative della "Narodnaja volja", desiderando fortemente una rivoluzione in Russia, pur mentre condannavano la tattica terroristica nei paesi europei. E non erano i soli a comportarsi così: i rivoluzionari russi trovavano ampi consensi anche da parte delle grandi figure della cultura occidentale dell'epoca, come V. Hugo, B. Shaw, A. Daudet, M. Twain, C. Swinburne ecc. Di fronte a una situazione così assurdamente anacronistica, quale quella russa, era assai raro trovare qualcuno che predicasse la rassegnazione, la non-violenza, il progresso pacifico e graduale dei piccoli passi...

Quando nel 1887 si cercò di assassinare lo zar Alessandro III, i terroristi erano soltanto "giovani promesse", per lo più studenti universitari. P.es. A. Ulianov, fratello maggiore di Lenin, era uno studioso di scienze naturali all'Università di San Pietroburgo, nonché segretario della

Società di Letteratura russa, coordinata dall'accademico O. Miller, propagandista e ammiratore appassionato di Dostoevskij. Tutti i quindici accusati furono condannati a morte ma dieci di loro ottennero la grazia. Aleksandr Uljanov, che aveva rivendicato la sua responsabilità, alleggerendo quella degli altri imputati, rifiutò ogni manifestazione di pentimento e, insieme ad altri quattro membri del complotto, fu impiccato l'11 maggio 1887. Fu a quel punto che il giovane Lenin maturò la convinzione che lo zarismo non avrebbe mai potuto essere rovesciato con azioni estremistiche, ma solo con la rivoluzione di tutte le classi oppresse.

Tendenzialmente i populisti cercavano di evitare di coinvolgere, nei loro atti terroristici, la gente comune. Sul piano ideologico avevano rinunciato al principio: "Chi non è con noi è contro di noi". Anzi, sostenevano che le persone e i gruppi sociali, al di fuori della lotta contro il governo, andavano considerati come neutrali, inviolabili, anche nei loro beni. In realtà assai difficilmente potevano risparmiare a queste persone il rischio di diventare vittime del terrore antizarista. Era praticamente impossibile non violare le norme universali della morale.

Noi in occidente siamo soliti qualificare i terroristi come fondamentalisti islamici o come estremisti di destra o di sinistra, oppure come anarchici insurrezionalisti. Quest'ultimi vengono dipinti come soggetti asociali, individualisti, antistatalisti, insofferenti a qualunque forma di organizzazione sociale e politica in cui venga esercitato un "potere".

In realtà l'anarchia, il cui termine effettivamente significa "senza potere", va dall'anarco-individualismo di Stirner all'anarco-comunismo di Kropotkin. Se si esaminano le idee di quest'ultimo, si noterà facilmente che l'anarchia altro non è che una società di uomini giuridicamente uguali, che agiscono senza costrizioni esterne, senza timori di pene e sanzioni, ma soltanto in virtù di una matura coscienza interiore. L'idea di solidarietà umana di Kropotkin non era molto diversa da quella di Marx.

Certo, forse il suo umanismo era più ideal-naturalistico che storico-materialistico, ma è stato un errore del marxismo sovietico negare qualunque cittadinanza a questa ideologia politica. Kropotkin giustificava la violenza rivoluzionaria quando all'ordine del giorno vi era l'abbattimento di uno Stato oppressivo, e, nello stesso tempo, ammetteva la possibilità d'una trasformazione pacifica della società. Aveva in orrore l'idea di poter sacrificare vittime innocenti in nome della rivoluzione e pensava che la violenza potesse essere giustificata soltanto da un ideale elevato, che prevedesse la costruzione di una società alternativa a quella presente. Non per nulla salutò con entusiasmo la rivoluzione d'Ottobre, anche se negli anni Venti s'era già accorto - come Lenin, d'altra parte - che la crescente classe burocratica stava diventando una nuova borghesia.

Certo è che se non si usasse l'ideologia come un macete, forse le rivoluzioni sarebbero meno frequenti, oppure più popolari e forse meno violente. Le differenze ideologiche sono inevitabili, ma non dovrebbero essere preposte a una qualunque intesa politica volta a favorire la democrazia. P. es. quando E. Mounier cercò d'inserire il socialismo nella sua concezione di cristianesimo, favorì senza dubbio una collaborazione proficua dei comunisti coi cattolici in funzione anti-fascista.

Lo stesso "ritorno a Kant" della socialdemocrazia tedesca, alla fine del XIX sec., ch'era in fondo il tentativo di avvicinare cristianesimo e socialismo, non c'era bisogno di criminalizzarlo come un'aberrazione revisionistica. Anche E. Fromm cercò di sintetizzare socialismo e cristianesimo, dicendo che si sentiva debitore di Marx per aver capito la differenza tra "essere" e "avere".

Grandi scrittori non socialisti furono ostracizzati se non addirittura scomunicati dalle loro stesse chiese. P. es. la chiesa ortodossa russa, simbolo dell'autocrazia zarista, vedeva con grande sospetto le opere di Dostoevskij, Tolstoj, Solov'ëv. *I demoni* di Dostoevskij anticipano perfettamente il fatto che dal totalitarismo religioso sarebbe nato quello ateo.

È del tutto inutile elaborare un principio astratto umanistico che vada bene per qualunque circostanza. Infatti, anche se si dicesse che la soluzione migliore dei problemi è sempre quella pacifica o che nella ricerca di tale soluzione non si dovrebbe escludere il concorso di nessuno o che in ogni caso bisognerebbe permettere a tutti di esprimersi o che andrebbe dato un peso maggiore alla volontà della maggioranza, anche se si dicessero queste e altre cose astratte, generiche, le forze in campo le interpreterebbero in maniera opposta, a seconda degli interessi tutelati, e quelle egemoni farebbero di tutto per stravolgerle nel loro significato originario.

È solo da un punto di vista *etico* che si può sostenere la necessità di non considerare l'avversario politico un criminale, un nemico da abbattere in tutti i modi e con qualunque mezzo; anche perché qualunque atteggiamento intollerante non fa che aumentare l'intolleranza. Chi lotta per la giustizia e per il bene comune deve sapere che la violenza, al massimo, appartiene agli altri; a lui appartiene soltanto la *legittima difesa*, che non verrà mai esercitata in maniera sproporzionata al torto subìto o che comunque non verrà mai usata con uno spirito vendicativo, di rivalsa personale.

Detto questo, e per tutto il resto, possono essere solo le *circostanze* a stabilire, di volta in volta, da quale parte sia necessario mettersi per cercare la verità delle cose. E quando si pensa d'averla trovata, bisognerebbe evitare quegli atteggiamenti prevaricatori e supponenti che finiscono col ridurre al minimo le possibilità di successo della stessa verità.

Sull'estremismo ideologico

Quello che fa più paura, dell'estremismo di sinistra, è la netta separazione ch'esso pone fra politica e morale. Non solo la morale viene tutta racchiusa nella politica, ma la stessa politica è tutta racchiusa in una concezione ideologica dell'esistenza che divide gli uomini in "buoni" e "cattivi". Il concetto di "proletariato", ad es., è del tutto ipostatizzato. Il proletariato è il bene in sé, a prescindere dal suo reale comportamento; e, per converso, la borghesia è il male in sé.

Questo modo di vedere le cose non è semplicemente anti-dialettico, ma può anche essere fonte di pericolose conseguenze criminali. In nome di ideali che appaiono tra i più giusti del mondo si possono commettere gli abusi più orrendi. Questo naturalmente vale per ogni ideologia, filosofia o religione. Basti citare come esempio lo stalinismo, i cui limiti il leninismo non poteva prevedere in tutta la loro crudezza, in quanto l'estremismo politico di sinistra non era mai andato al potere prima di Stalin.

L'estremismo è una forma di cinismo: come tale, esso sacrifica sull'altare del puro potere politico qualunque considerazione umanistica. È vero, può anche farlo in buona fede, ma fino a un certo punto.

*

Ci sono al mondo uomini così ottusi, così abituati alla violenza (fisica e soprattutto morale) e ai rapporti di forza - frutto, questo, di un'esistenza frustrata e individualistica - che credono sia tanto più facile smascherare le debolezze o le contraddizioni del cosiddetto "nemico di classe", quanto più riescono a impaurirlo con la forza delle loro armi (incluse quelle della critica) o della loro organizzazione politica. Si comportano come avvoltoi o iene che si gettano su una preda uccisa da altri o morta di vecchiaia e malattia, pretendendo d'impossessarsi di un patrimonio di faticose lotte democratiche alle quali non solo non hanno partecipato, ma hanno anche opposto una strenua resistenza.

Queste persone, che hanno paura di confrontarsi con la realtà, perché temono di rivelare il loro "niente", si riempiono la bocca di parole rivoluzionarie come "ideologia proletaria", "lotta di classe", ecc., nutrendo in realtà sentimenti piccolo-borghesi di invidia, gelosia, vendetta, e non sanno neanche cosa sia il rispetto dei valori umani, e non credono assolutamente che ogni uomo rischia, ogni giorno dell'anno, di diventare un nemico di se stesso. Questi uomini sono più pericolosi del cosiddetto "nemico di classe", poiché, se riescono a infiltrarsi nel socialismo democratico, sanno camuffarsi bene col loro fraseologismo rivoluzionario o di sinistra.

*

L'estremismo di sinistra ha odiato la *perestrojka* perché, non avendo avuto altra esperienza pratica, oltre al socialismo reale, con cui legittimare le proprie aspirazioni politiche e il proprio fraseologismo rivoluzionario, si sente tradito, espropriato di un bene di cui pensava d'avere l'assoluto monopolio (anche interpretativo). La sua astrattezza gli impedisce non solo di cogliere le motivazioni reali che hanno potuto generare un fenomeno così vasto e profondo come la *perestrojka*, ma anche di trovare un nesso realistico, adeguato tra le proprie parole e la propria vita concreta, quotidiana.

L'estremismo infantile

Nei momenti di crisi, ovvero nei momenti in cui le istituzioni non riescono a risolvere i conflitti sociali, facilmente emergono movimenti cosiddetti "puristi" o "dualisti", che p. es. nel Medioevo si chiamavano "catari" o "pauliciani" o "bogomili"..., i quali consideravano la "materia in sé" irriformabile, creata da un dio malvagio, rappresentato appunto dal potere costituito.

Questi movimenti infatti non riuscivano assolutamente ad accettare che le istituzioni facessero il contrario di ciò che dicevano: per loro tale incoerenza era un segno di perversione, che il potere non riusciva a superare in alcun modo. Ecco perché opponevano al dio malvagio del sistema il loro dio buono e settario.

Erano movimenti che si consideravano "duri e puri" e si contrapponevano in maniera radicale, senza compromessi di sorta, al sistema dominante. Gli storici li definiscono "dualisti" proprio perché non volevano patteggiare. Il loro era un dualismo ideologico (due principi nettamente opposti) o metafisico (spirito e materia divergenti in maniera irriducibile) o etico (bene e male tenuti rigorosamente separati) o politico, in quanto la setta, opponendosi in maniera precostituita al potere dominante, garantiva una sorta di perfezione ipostatizzata ai propri aderenti.

Oggi come allora si tratta - direbbe Lenin - di una forma di *infantile estremismo*, che si manifesta nella convinzione di poter modificare il sistema senza cercare un vasto consenso, ma semplicemente dimostrando la propria rigida coerenza, il proprio rigore morale, il proprio ascetismo (che quella volta era religioso, alimentare e sessuale).

In altre parole, oggi come allora, ci s'illude che gli "altri", i "cattivi" capiscano che, prima o poi, dovranno adeguarsi a questa improvvisa novità, anche perché se preferissero coalizzarsi tra loro per abbattere il movimento alternativo, non farebbero altro che dimostrare d'essere in torto, in quanto giustificherebbero il movimento nella sua idea di "purezza". Ne farebbero un "martire".

Di regola questi movimenti sottovalutano la capacità di resistenza o di reazione del sistema, del nemico istituzionale e, di conseguenza, tendono a sopravvalutare la loro importanza, il loro impatto sulla società civile. Essi cioè sono convinti che le contraddizioni del potere siano talmente grandi da permettere loro di beneficiare, nei momenti più difficili, di un grande consenso popolare, senza dover spendere grandi energie per ottenerlo e conservarlo.

Purtroppo però la persecuzione contro queste sètte fu nel Medioevo durissima (il solo papa Innocenzo III fece sterminare gli Albigesi nella Francia meridionale e obbligò i Valdesi a ritirarsi su impervie montagne). Solo dopo aver eliminato tutti i movimenti pauperistici ereticali la chiesa romana troverà di fronte a sé un nemico irriducibile: i protestanti tedeschi. Questi non avevano certo la "purezza" degli ideali di 500 anni prima, ma in compenso avevano capito l'importanza di un consenso di massa.

L'estinzione delle classi

Tutte le forme di alienazione o di violenza nascono, nella nostra società, dalla divisione in classi contrapposte.

Nei paesi est-europei del Novecento si è cercato di liquidare tale divisione con una rivoluzione politica e, ad un certo punto, i governi in carica hanno imposto a tutta la società una proprietà collettiva che, necessariamente, essendo appunto "imposta", coincideva con quella dello Stato. Lo "Stato di tutto il popolo" era la mimesi della *democrazia sociale*, che è poi quella in cui *solo liberamente* si può accettare e gestire la proprietà comune.

In quei paesi le alienazioni e le violenze assunsero subito una veste politica e ideologica. Cioè la base della violenza non era più *economica*, rappresentata in sostanza dalla volontà del singolo che si oppone alle regole di un collettivo. La base della violenza era diventata più sofisticata, appunto perché *politica*, in quanto gestita da un collettivo statalizzato. Il terrore veniva compiuto in nome dello Stato, più o meno direttamente, o, se vogliamo, dall'ideologia di un partito politico.

Oggi queste forme di violenza ideopolitica sono crollate in tutti i paesi est-europei e anche in tutti i paesi comunisti del mondo, se si esclude la Cina, che comunque costituisce da sola 1/6 dell'umanità, e hanno prevalso quelle determinate dalla classica proprietà privata.

Per quale motivo una violenza così sofisticata è crollata prima ancora del crollo del capitalismo? Oggi addirittura si pensa che il capitalismo non crollerà mai, proprio perché l'unica alternativa possibile sembra essere definitivamente scomparsa.

Il motivo in realtà è molto semplice. Là dove il valore umano era stato capace di creare una rivoluzione anticapitalistica, lì lo stesso valore è stato capace di creare una rivoluzione contro il tradimento degli ideali del socialismo democratico. Questo a prescindere dai risultati "borghesi" che si sono ottenuti.

Se in Cina questo non è avvenuto, non è stato, probabilmente, perché il tradimento si era dimostrato meno forte, ma perché meno forte è stata la presenza del valore umano.

La Cina quindi si presta a diventare l'erede del crollo sia del socialismo reale (sul piano politico) che del capitalismo avanzato (sul piano economico). Dovremo quindi aspettarci, in questo Stato, un'integrazione della violenza basata sull'economia con la violenza basata sulla politica. Il socialismo cinese sarà nello stesso tempo autoritario e opportunista: autoritario quel tanto che basta a impedire che s'imponga il primato delle leggi del capitale, opportunista perché vorrà sfruttare del capitalismo tutto quanto gli potrà servire per garantire l'autoritarismo politico. Sarà una sorta di socialismo capitalistico di stato o di capitalismo socialistico di stato.

*

È sbagliato sostenere che le classi saranno liquidate solo quando vi sarà un alto grado di sviluppo delle forze produttive. Stati Uniti, Giappone ed Europa occidentale hanno già raggiunto questo grado, conservando, nel contempo, una netta distinzione tra le classi.

Lo sviluppo deve riguardare non la forza produttiva, che può essere anche minima, ma la consapevolezza politica, sociale e culturale della necessità della transizione al socialismo. Perché maturi questa consapevolezza è sufficiente possedere dei *valori umani*. Questa consapevolezza non è determinata in alcun modo dal livello delle forze produttive, se non in maniera incidentale.

Il fatto che le teorie socialcomuniste siano state elaborate nei paesi capitalisti non sta di per sé a significare che in questi paesi la rivoluzione socialista avrebbe dovuto compiersi prima che altrove. La storia ha dimostrato che non esistono soggetti predefiniti in grado di fare la rivoluzione. L'istanza rivoluzionaria può appartenere a forze produttive di grado infimo e di cultura modesta. Il problema principale da risolvere è come *organizzare* tali forze. E per risolvere questo problema i paesi capitalisti non sono più favoriti di altri.

Se si sostiene che la rivoluzione socialista non potrà mai essere compiuta finché le forze produttive non avranno raggiunto un certo grado di sviluppo, si rischia alla fine di sostenere che la rivoluzione non potrà mai essere compiuta, perché ci sarà sempre qualcuno che sosterrà che quel certo grado di sviluppo non è stato ancora raggiunto.

Ogni nazione deve decidere al proprio interno il proprio sviluppo, e all'interno di ogni nazione devono poterlo decidere i soggetti interessati. Queste nazioni dovrebbero essere lasciate libere di decidere il proprio destino, ma - come noto - il capitalismo, che vive dello sfruttamento altrui, non può permettere una libertà del genere. Ecco perché l'aiuto a queste nazioni da parte di altre nazioni che han già compiuto la rivoluzione socialista, può considerarsi legittimo.

Nessuno, d'altro canto, è autorizzato a sostenere che, fino a quando una società capitalista non ha esaurito tutte le proprie potenzialità, è impossibile la transizione al socialismo. Non esistono meccanismi automatici o leggi dettate dalla inevitabilità delle circostanze che possono determinare uno sviluppo progressivo o il passaggio da una civiltà a un'altra. Non c'è automatismo di sorta né verso il meglio né verso il peggio. Si tratta sempre di prendere delle decisioni, anche se gli effetti di queste decisioni si fanno veramente sentire solo nel lungo periodo.

Chi crede negli automatismi, non crede nel valore umano, cioè essenzialmente nella *libertà*. Certo, chi pensa che la transizione al socialismo debba essere una conseguenza di un alto sviluppo delle forze produttive, è perché sa bene che, nell'ambito del capitalismo, uno sviluppo del genere non può che avere come contraltare un forte sviluppo degli antagonismi di classe. Ma il fatto ch'esistano degli antagonismi del genere non può significare, di per sé, che si svilupperà una transizione verso il socialismo democratico.

Potrebbe esserci una transizione verso la barbarie o verso un socialismo tutt'altro che democratico. Non sono le circostanze che di per sé possono decidere quale sia la soluzione migliore per determinati problemi. Occorre sempre una scelta di libertà. Anche perché è sulla base di questa scelta che si affermano forme diverse di transizione e, all'interno di queste, forme diverse di democrazia.

La democrazia non è mai un processo inevitabile, neppure quando il suo contrario non è credibile da nessun punto di vista. Se la transizione al socialismo è stata dapprima tentata nei paesi est-europei, significa che questi avevano, rispetto a quelli occidentali, maggior senso del valore umano.

*

Si dovrebbe fare una ricerca trasversale sulla tipologia dei conflitti interumani nelle diverse civiltà antagonistiche.

La diversità delle forme conflittuali è notevole ed è tutta in relazione alla consapevolezza (storicamente crescente) dei limiti di una determinata tipologia. P. es. il livello eccezionale di attenzione che i faraoni e i loro sacerdoti attribuivano alla questione dell'aldilà (piramidi, imbalsamazione ecc.) va messo in relazione con l'accentuarsi delle contraddizioni sociali e quindi con la mancanza di un'alternativa concreta alla pratica dello schiavismo statale di massa. Lo schiavismo individualistico romano ha avuto la meglio anche perché non puntava su questi aspetti religiosi, ch'erano, tutto sommato, abbastanza infantili.

Cioè quando gli uomini si accorgono che una tipologia di conflitto ha dei limiti non più sostenibili al cospetto di una popolazione che ha cominciato a prendere consapevolezza dei propri diritti, ecco che subentra la necessità di realizzare nuove forme di conflitto, più sofisticate delle precedenti, meno evidenti o comunque soggette a una gestione tale da poter ingannare chi rimane fermo alla consapevolezza o alla rappresentazione delle tipologie di conflitto precedenti.

Con questo naturalmente non si vuol sostenere che le varie tipologie non possano coesistere tra loro, ma semplicemente che una civiltà si caratterizza per il prevalere di una determinata tipologia su tutte le altre. E, nel fare questo, risulta del tutto naturale, per una civiltà, usare una tipologia "avanzata" del conflitto in un determinato territorio e una tipologia più "arretrata", se non addirittura "obsoleta", in un altro territorio: l'importante è che quest'ultima sia sufficientemente idonea a rispecchiare determinati interessi di potere.

Insomma, la ricerca trasversale dovrebbe riguardare i conflitti basati sugli *schiavi* da possedere (quindi antagonismo di tipo *fisico*: quanti più schiavi tanto più potere), sulle *terre* da possedere (e quindi il patrimonio immobile, su cui far lavorare schiavi, totalmente privi di libertà o servi della gleba), sui *capitali* da possedere (cioè sul possesso del denaro che si autovalorizza e che permette di acquistare merci, tra cui lo stesso operaio, ex-servo della gleba. Qui la terra si possiede non tanto come patrimonio immobile, quanto soprattutto come fonte di risorse da sfruttare con l'aiuto delle macchine).

Infine abbiamo avuto il conflitto basato sull'*ideologia politica*: il comunismo. Dominati e dominatori sono in relazione all'appartenenza a questo o quel partito. Lo Stato è totalmente padrone della società e quindi dell'economia e del cittadino. In teoria anche un individuo di origini povere può diventare un despota se acquisisce i principi di una determinata ideologia vincente. Il potere economico o materiale o personale è una semplice conseguenza di quello politico.

L'ultima forma di conflitto sarà necessariamente quella *spirituale*: il dominio della *coscienza* sulle coscienze, il plagio non solo ideo-politico ma anche *umano* delle menti...

Sulla natura del conflitto

Nello studio della storia spesso si nota che un problema cessa di sussistere quando se ne trova non una qualche soluzione ma l'unica soluzione possibile. Marx diceva che gli uomini si pongono soltanto quei problemi che sono in grado di risolvere; si potrebbe aggiungere che l'esigenza di porsi un problema è superiore alla speranza di poterlo risolvere. Gli uomini cioè continuano a porsi determinati problemi anche dopo che li hanno risolti. Questo perché fino a quando non trovano la soluzione da loro considerata "ottimale", il problema continua a trascinarsi per molto tempo, come se non avesse pace: cambiano le forme ma non la sostanza.

Questo poi senza considerare che il traguardo di ottenere una "soluzione ottimale" non si raggiunge mai, proprio perché si tende a voler superare un obiettivo ponendosene subito un altro: il che ci fa vedere la conservazione dell'esistente non come una garanzia di continuità o come una forma di sicurezza per la sopravvivenza della specie, ma come un limite insopportabile.

Ovviamente uno potrebbe sostenere che un sistema basato sull'antagonismo sociale debba essere superato quanto prima; il problema è però che noi siamo così abituati a demolire le cose che non sappiamo più salvaguardare quelle che davvero ci servono. Per noi la dialettica sociale vuol soltanto dire "superare" l'esistente e non anche "conservarlo": chi lo conserva ci appare nemico del progresso, nemico dei lavoratori, ostile alla natura, a un'alternativa radicale.

Nella storia degli uomini (anche tenendo in considerazione tutti gli inganni e i soprusi) vi è una profonda esigenza di chiarezza, di autenticità e di verità. Una generazione o una civiltà o un'epoca (quando non ha la disgrazia di essere distrutta da eventi naturali o bellici) può accettare, seppure *obtorto collo*, di scomparire nel momento in cui s'accorge che, per risolvere i suoi problemi di fondo, non ha - a confronto di un'altra generazione o civiltà - sufficienti mezzi e forze. È del tutto naturale che una generazione speri che la parte migliore di sé continui a vivere nella generazione seguente, affinché questa possa affrontare e risolvere vecchi e nuovi problemi, anche se questo atteggiamento, proprio a causa degli antagonismi di fondo, non è poi così naturale. Senza la soluzione più adeguata, i contrasti o i conflitti si trascinano per anni, a volte per secoli, tanto che ad un certo punto il bisogno della verità s'impone quasi da sé. Questa, probabilmente, è una legge di natura, cui la storia umana deve conformarsi, se vuole sussistere.

Paradossalmente, la fine di una situazione conflittuale (possibile solo se la mediazione riesce a modificare qualitativamente gli estremi che si oppongono), dovrebbe portare una generazione a vivere secondo "natura", facendo coincidere la storia con la natura delle cose o con le leggi della natura, il cui prodotto più sofisticato è appunto l'*essere umano*. In altre parole, la fine dell'antagonismo potrebbe anche essere considerata come la fine di una storia conflittuale (basata sulla mera contrapposizione, come in Fichte l'Io si oppone al non-Io), ma non come la fine della storia "naturale" dell'uomo (in cui i problemi sussistono per determinare l'evoluzione di un processo naturale, non per impedirlo).

Per troppo tempo abbiamo creduto che la realizzazione della natura umana si verifica soltanto là dove esiste un conflitto antagonistico, una contrapposizione frontale. Ora invece dobbiamo pensare che il conflitto interumano è segno d'innaturalezza, di storia contro-natura, di affermazione unilaterale di una qualche forma di soggettività (classe, partito, nazione, Stato...). Solo il *senso del collettivo democratico* può togliere gli uomini dal condizionamento della conflittualità, che non li fa crescere nella sicurezza, ma li tiene chiusi nell'angoscia, nella disperazione, nella sfiducia reciproca. Sotto questo aspetto gli uomini primitivi soffrivano sicuramente di molte meno frustrazioni.

Storia "naturale", fatta da "esseri naturali superiori" (cioè non semplicemente "animali") non significa affatto "fine delle contraddizioni" - su questo Lenin aveva visto giusto. Il senso della contraddizione è appunto ciò che distingue l'uomo dall'animale. "Storia naturale" significa soltanto fine delle contraddizioni *antagonistiche* e fine dell'antagonismo come *metodo* di risoluzione delle contraddizioni. Hegel era arrivato a comprendere tutto ciò mediando le contraddizioni non nella vita reale, attraverso la rivoluzione sociale e politica, ma nell'ambito del puro *pensiero*, attraverso la speculazione filosofica.

L'uomo non può fare a meno delle contraddizioni, in quanto necessita continuamente di essere messo alla prova, di aumentare la propria esperienza: ha bisogno cioè di autosuperarsi o, come dicono i teologi, di autotrascendersi. Le contraddizioni sono il motore della storia, molto di più dei conflitti di classe. Gli uomini, infatti, se per dimostrare quanto valgono, hanno bisogno di ostacoli da superare, allorché incontrano i conflitti sociali irriducibili possono anche sentirsi paralizzati, stressati, possono cadere - nel peggiore dei casi - nella rassegnazione, estraniandosi dalla realtà, cioè finendo alle dipendenze di qualche "oppio".

Gli uomini possono tranquillamente rinunciare ai conflitti di classe, limitandosi ad associare i loro sforzi per superare le contraddizioni. Nei conflitti di classe infatti vi è un enorme dispendio di energie. Purtroppo però fino a quando esisteranno società basate sulla divisione in classi, sarà impossibile che il superamento pacifico del conflitto possa avvenire senza che tutte classi siano consenzienti. La storia ci dice che siamo destinati a un superamento bellicoso.

I conflitti di classe vengono creati da coloro che affermano in modo unilaterale una qualche soggettività o particolarità dell'essere sociale. Questi conflitti possono essere superati sia con la resistenza armata - quand'è in gioco la propria sopravvivenza -, sia con l'accordo reciproco a modificare sostanzialmente i *rapporti di proprietà*, che da sempre sono la fonte principale di ogni antagonismo.

Bisogna convincere gli uomini a rinunciare alla logica conflittuale usando, in primis, non le armi della forza, della minaccia o del ricatto, ma le armi della persuasione ragionata, convincente, motivata, le armi della responsabilità personale e collettiva, della coerenza fra teoria e prassi. L'esempio deve diventare "legge" per l'uomo collettivo. Forse la consapevolezza di appartenere a un tempo storico limitato o ad uno spazio planetario circoscritto, ovvero a una storia unica nel suo genere, sul piano universale, può aiutare l'essere umano a ridimensionare le pretese che rendono inevitabile la logica della contrapposizione. Tale consapevolezza, però, può soltanto aiutare, poiché, nel momento della scelta, l'uomo si gioca nella propria libertà. E questa può portare a qualunque soluzione.

Sulla frustrazione

Le alienazioni principali che oggi dobbiamo assolutamente superare sono quelle fra chi possiede senza lavorare e chi lavora senza possedere; fra chi svolge lavori intellettuali ben pagati e chi svolge lavori manuali sotto pagati; fra una campagna "serva" e una città "padrona"; fra un nucleo familiare che pensa ai valori e una società civile che pensa ai profitti; fra un cittadino che si sforza di essere onesto e uno Stato corrotto, impersonale e disumano; fra il "maschio" che domina e la "femmina" che è dominata...

Avere esigenza di vivere un rapporto umano autentico, significa non riuscire più a sopportare alcuna forma di alienazione, essere cioè giunti alla convinzione che sia impossibile combattere una forma di alienazione senza combattere allo stesso tempo tutte le altre, ed essere profondamente convinti che lo Stato non rappresenta affatto la maggioranza dei cittadini e dei lavoratori che vogliono ritrovare l'unità perduta, ma semmai quella risicata minoranza che crede di poter vivere meglio nella divisione.

Ora, qui non si tratta di convincere la minoranza che l'unità è meglio della divisione: questo significa fare del moralismo. Non possiamo aspettare che la minoranza si convinca delle ragioni del socialismo per avere tutti noi l'autorizzazione a partire. È probabile anzi che la minoranza, vedendo che si tratta soltanto di buone intenzioni, non si convincerà mai che l'unità è migliore della divisione. Quando un partito d'opposizione non fa una reale opposizione, sperando, così facendo, d'essere meglio accettato dal governo, è certo che il giorno in cui si farà l'alternativa non ci sarà alcuna vera alternativa, ma solo una sorta di "trasformismo". Un partito che finge l'opposizione nel tentativo di rabbonire il governo, è già un partito di governo: è appunto un partito di governo che il "sistema" tiene all'opposizione, al fine d'illudere le forze progressiste su una possibile alternativa, salvo poi insediarlo al governo quando questa illusione non ha più ragione d'essere, in quanto va sostituita con un'altra.

Chissà se un giorno il socialismo si chiederà quanta parte di responsabilità esso ha avuto nello scatenamento dei due conflitti mondiali? Gli storici borghesi, naturalmente, rispondono a questa domanda dicendo che se il proletariato europeo dell'est e dell'ovest fosse stato "calmo e tranquillo", nessuna guerra mondiale avrebbe potuto verificarsi. Uno storico marxista invece dovrebbe sostenere il contrario, e cioè che se il proletariato fosse stato più energico e risoluto, forse l'umanità si sarebbe risparmiata quelle due immani tragedie. Questo naturalmente varrà di meno nel caso in cui debba scoppiarne una terza: un proletariato combattivo è sicuramente un'ottima garanzia, ma ogni uomo, a prescindere dalle sue idee e dalla sua posizione sociale, dovrebbe rendersi conto che la prospettiva finale di una qualunque guerra totale o mondiale, nelle condizioni militari attuali, sarebbe un "suicidio nucleare".

Si tratta dunque di dimostrare che l'unità è possibile, qui ed ora. Certo, non secondo il principio anarchico ed estremista del "tutto e subito", poiché solo con la pazienza si può sperare di recuperare quanto si è perduto nel corso dei secoli e addirittura dei millenni. L'importante è cominciare a fare qualcosa di risolutivo, ne siano o no convinti i pochi che ancora vogliono la divisione.

Le frustrazioni che si accumulano per anni e anni possono ad un certo punto portare gli uomini a comportarsi come folli, ma questo non è inevitabile. Molto dipende dal tipo di resistenza che si mobilita. Se la frustrazione viene subìta in maniera passiva, con rassegnato individualismo, è facile ch'essa possa portare a un disperato furore, specie se il livello d'intelligenza del soggetto alienato è considerevole. Avere intelligenza, infatti, non sempre significa saper cosa fare al momento giusto, né implica di necessità la volontà di farlo.

Viceversa, se la frustrazione viene subìta con una certa capacità di resistenza, all'interno di una visione relativamente ottimistica del futuro, nella convinzione cioè che un popolo unito può vincere ogni oppressione e ingiustizia, ebbene, in questo caso, la frustrazione può anche essere considerata come un elemento positivo dell'esistenza umana.

Gli ostacoli mettono alla prova le capacità degli uomini, discriminano il tenace dall'instabile, il coraggioso dal codardo... e senza promettere nulla! Nel mentre si lotta, infatti, nessuno può avere la certezza che riuscirà a conseguire un determinato obiettivo. Si può essere convinti che un obiettivo "giusto" prima o poi si realizzerà, ma non si può conoscerne in anticipo il momento. Al massimo si può sperare che ciò avvenga al più presto, ma si deve rinunciare alla tentazione di usare mezzi illeciti per accorciare i tempi. La giustezza di un obiettivo non ci autorizza a camminare sopra i cadaveri di quanti non hanno compreso la stessa cosa con la nostra stessa immediatezza.

Il senso della vita non sta negli obiettivi che si raggiungono (come dicono gli arrivisti), né nella frustrazione da sopportare con stoica virtù (come dicono i fatalisti), ma sta nella lotta che si conduce per migliorare il presente. Sarà poi la storia a dirci quale peso avrà avuto il nostro impegno.

Ha senso scomunicare?

La licenza d'uccidere che si sono presi gli appartenenti al movimento islamista dell'Isis, quando sono in gioco questioni di tipo ideologico, è un *refrain* che ha attraversato e tuttora attraversa culture e civiltà d'ogni tipo.

Nel caso dell'Isis si accompagna alla conquista di territori altrui e a stragi indiscriminate. Ma anche questo è già stato visto: papa Innocenzo III, solo per fare uno dei tanti esempi della chiesa romana, fece sterminare circa 20.000 catari a Béziers, nella Provenza, col pretesto ch'erano "eretici", e permise l'occupazione delle loro terre ai crociati che vi si erano militarmente impegnati. Non dimentichiamo che l'ultimo rogo voluto dal papato si è svolto a Palermo a carico di Antonino Canzoneri nel 1732! E che la pena di morte è stata definitivamente rimossa, in Vaticano (da Giovanni Paolo II), soltanto nel 2001!

È da quando sono nate le civiltà che si usa l'arma della "scomunica" per eliminare l'avversario, ed essa può avere motivi sia religiosi che semplicemente politici. Al tempo dei greci si veniva "ostracizzati", cioè esiliati per motivi politici, ivi inclusi quelli inerenti all'ateismo, dominando in ogni polis una sorta di religione di stato: Socrate infatti fu condannato a morte perché con le sue idee corrompeva i giovani.

Tra i romani vi erano le terribili liste di proscrizione, di cui Silla fu un vero campione. Al tempo del comunismo da caserma bastava accusare qualcuno d'essere un "nemico del popolo" per ridurlo in schiavitù in qualche remoto campo di lavoro o per fucilarlo.

Generalmente, in tutti i casi di scomunica si aggiungeva la requisizione dei beni. I nazisti, che avevano "scomunicato" l'intera popolazione ebraica nell'intero pianeta, a prescindere dai singoli comportamenti individuali, avevano imparato dall'Inquisizione cattolica a sequestrare tutti i beni dei "colpevoli".

Sotto questo aspetto è difficile stabilire, visto che motivi ideologici e confische materiali marciavano di pari passo, quale dei due aspetti prevalesse sull'altro. Da quando è sorto il principio della proprietà privata dei mezzi produttivi, qualunque anatema o interdetto non viene mai compiuto allo stato "puro": dietro si celano sempre motivazioni molto prosaiche, al punto che possono essere proprio queste a servirsi delle altre come pretesto formale.

Nel mondo ebraico, in origine, chi veniva scomunicato per reati sessuali era destinato a essere bruciato e, con lui, tutte le sue sostanze. In questa maniera si poteva dimostrare che nell'anatema non vi erano secondi fini. Poi col tempo si decise di giustiziare solo i colpevoli, risparmiando il loro bestiame. E qui già non si capisce più se la progressiva umanizzazione dipendesse da un effettivo aumento del livello della coscienza o non piuttosto dalla presenza di determinati problemi economici, i quali rendevano insensata la distruzione dei beni del condannato a morte.

Fare dei discorsi astratti sull'uso della scomunica non serve a nulla. San Paolo p.es. diceva ch'era un bene che all'interno delle sue co-

munità vi fossero degli eretici, così si poteva verificare chi era di "provata virtù", però in varie situazioni chiese di espellere i dissidenti. C'è da
dire che ai suoi tempi il cristianesimo non era che una sparuta religione
fra tante. Sant'Agostino invece, in nome del cristianesimo statale, chiedeva di far entrare tutti nella chiesa, anche usando la coercizione.

Atteggiamenti del genere sono segni di forza o di debolezza? Il
maccartismo esplose in America dopo la vittoria sovietica sui nazisti e
durò fino al 1954: governo e istituzioni temevano che il comunismo potesse diffondersi anche nel loro paese. Eppure anche gli Stati Uniti avevano vinto la guerra. Quindi, come si può ben vedere, il fanatismo, pur
esprimendosi con la forza, è sempre stato e sempre sarà figlio dalla paura, la paura di perdere un potere acquisito con la forza, nei cui confronti
si sa bene che nutrire dei dubbi di legittimità è del tutto lecito.

Le maggiori e peggiori persecuzioni il papato le ha scatenate non
nell'alto ma nel basso Medioevo, quando lo sviluppo della borghesia stava erodendo la sua credibilità secolare. Un'erosione che, in un primo momento, si manifestava vivendo una vita in cui la povertà era un fondamentale valore etico-religioso, tale per cui si poteva essere cristiani *soltanto* se si era poveri. In un secondo momento, invece, dopo aver consta-
tato che il papato e l'alto clero volevano restare nei loro vergognosi privilegi e che non accettavano alcuna riforma, la borghesia passò alle vie di
fatto e, con le proprie rivoluzioni politiche, cominciò a requisire le proprietà immobiliari della stessa chiesa, mandando naturalmente a morte
chi vi si opponeva.

Una chiesa come quella romana, che ha basato la propria credibilità sul possesso dei beni materiali, ha il terrore di venirne privata. Ha
lanciato le sue ultime scomuniche, rimaste perlopiù inascoltate, contro i
Savoia nel 1860 e anche contro i comunisti nel 1949 (quest'ultima con-
fermata nel 1959 da Giovanni XXIII). La sua "tolleranza zero" partiva da
una "spiritualità zero".

Tuttavia la domanda cui bisogna rispondere è la seguente: davvero è sempre sbagliata la cosiddetta "scomunica"? Non esiste neanche un
caso in cui la si possa giustificare?

Diciamo anzitutto che se "scomunica" deve esserci, dovrebbe essere il frutto di una decisione comune, presa democraticamente, e non di
un arbitrio individuale. In secondo luogo bisognerebbe sostenere che non
si può essere costretti a convivere con chi non accetta determinate regole.
Questa infatti sono indispensabili per una qualunque convivenza. Chi
non ne accetta qualcuna, può discuterne, ma poi bisogna prendere una
decisione, e se si finisce in minoranza, e si vuole continuare a convivere
nello stesso gruppo, bisogna rassegnarsi a rispettare la volontà della mag-

gioranza: in caso contrario ci si dovrebbe "scomunicare" da soli, scegliendo altri percorsi di vita.

Di sicuro la maggioranza non è tenuta a rispettare chi le impedisce di continuare a esercitare la propria volontà. Queste sono regole fondamentali della democrazia. Se la volontà della maggioranza, col tempo, si rivelerà fallace, si potrà sempre tornare a discutere le decisioni prese, ma la minoranza non può comportarsi come se non sia stata presa alcuna decisione. La libertà di parola trova un limite nella libertà di associazione.

Naturalmente oggi, in un paese democratico, a nessuno verrebbe in mente d'impedire agli "scomunicati" di darsi delle proprie associazioni. Se non si compiono violazioni dei fondamentali diritti umani, universalmente riconosciuti, è lecita una qualunque associazione.

Sul concetto di superpotenza

La seconda guerra mondiale ha visto nascere due superpotenze: gli Usa e la Cina. Con una differenza, che mentre gli Usa hanno imposto il loro dominio su buona parte del mondo, la Cina s'è limitata ad assicurarsi un pieno controllo del proprio territorio, la cui popolazione costituisce più di 1/6 dell'umanità.

Quanto all'Urss (oggi Csi), questa non è mai stata una superpotenza, nell'accezione bellicistica che i media occidentali danno a questo termine. Tant'è che il suo crollo è stato repentino, come mai s'era visto nella storia delle "superpotenze" di tutti i tempi.

Dopo 70 anni di socialismo, in cui l'Urss dovette affrontare enormi problemi di sopravvivenza, come la guerra civile, la fame, le carestie, l'interventismo straniero, le conseguenze di due guerre mondiali e quelle, forse ancora più gravi, dello stalinismo, e che proprio a motivo del superamento di queste difficoltà sembrava essere un paese destinato a un futuro glorioso, ecco che è arrivato il tracollo, in cui ancora oggi il capitalismo stenta a credere.

Tutto ciò, a ben guardare, può essere spiegato in una sola maniera: non è crollato il socialismo ma solo la sua veste autoritaria. Ora la Russia, l'Ucraina, la Bielorussia e tutte le altre nazionalità devono capire il modo in cui sia possibile vivere il socialismo senza autoritarismo, cioè con la sola democrazia.

In questo compito i paesi capitalisti non possono offrire alcun aiuto, perché qualunque sviluppo dell'idea di socialismo è un mattone che si aggiunge alla loro prossima sconfitta storica. Il capitalismo non ha più niente da dire all'umanità, poiché l'umanità ha capito che tra le parole di democrazia e i fatti esiste nell'ambito del capitalismo un divario incolmabile. Noi sappiamo solo mentire.

La Russia ha sperimentato gli errori di gestione e di sviluppo del socialismo prima di ogni altro paese, e ha saputo reagire a tali errori senza farli pagare a popolazioni esterne, e senza imporre ulteriori massacranti dittature al proprio interno dopo quella stalinista.

Se la Cina decidesse di rivolgersi verso l'esterno, per risolvere i suoi problemi interni, trasformandosi in una classica "superpotenza", come si comporterebbero gli Usa? Non avrebbero forse bisogno d'imporre la dittatura al proprio interno? Come potranno fronteggiare un paese immenso come la Cina, che è per di più una potenza nucleare?

Quanto più si restringe la possibilità di acquisire nuovi territori, tanto più gli Usa dovranno fare ricorso a soluzioni militari per risolvere i loro problemi interni, a meno che non vogliano uscire *spontaneamente* dal sistema capitalistico. L'unica cosa intelligente che potranno fare gli americani, restando nell'ambito del capitalismo, sarà quella di capire, in futuro, che i cinesi sono meglio organizzati di loro.

Differenza tra imperialisti americani e nazisti

Gli americani non potranno fare quello che hanno fatto i nazisti in nome della "razza pura", proprio perché essi sono per definizione una "razza impura", un mix incredibile di popolazioni, etnie, religioni, lingue, immigrati provenienti da qualunque parte del mondo.

Gli americani potranno fare quello che hanno fatto i tedeschi proprio in nome del connotato specifico che tiene in piedi il loro *melting pot*, e cioè la *democrazia*.

Volendo una "razza pura" (che era, guarda caso, un concetto del tardo ebraismo) i nazisti in fondo apparivano come dei borghesi dalle radici aristocratiche. Gli americani invece vogliono aristocraticamente apparire come la più grande democrazia del mondo. Sono due facce dello stesso imperialismo borghese.

Ma c'è una differenza ben maggiore, che si è vista alla fine della seconda guerra mondiale. In nome della democrazia gli americani sganciarono (senza mai pentirsene) due atomiche che distrussero tutto e tutti, indiscriminatamente, in pochissimi secondi.

Gli americani, in una prossima guerra mondiale, non avranno bisogno dei lager per sterminare i loro nemici: basteranno le atomiche, sarà più sbrigativo. Useranno tutte le armi di distruzione di massa di cui dispongono, le useranno prima degli altri, per essere sicuri che non vi siano analoghe ritorsioni; si illuderanno di poter vincere la guerra sparando per primi le loro testate nucleari.

Non dimentichiamo che durante la seconda guerra mondiale gli angloamericani non fecero nulla per impedire lo sterminio nei lager, almeno fin quando non fu evidente che i nazisti non avrebbero mai vinto la Russia. Essi cioè ritenevano che il comunismo sovietico fosse un male peggiore del nazismo tedesco, e decisero consapevolmente di non intervenire, se non quando la sconfitta sicura del nazismo avrebbe potuto rischiare una "sovietizzazione" dell'intera Europa occidentale.

Superiorità e uguaglianza

La superiorità etica, culturale, economica ecc. va dimostrata coi fatti e i fatti non possono essere quelli militari. Se dopo aver usato per molto tempo i mezzi militari, ad un certo punto l'occidente si è accorto della loro inefficacia (a causa della resistenza dell'oppresso) e ha deciso di sostituirli con quelli etici, culturali, economici ecc., non per questo esso ha rinunciato ai metodi e alla logica del colonialismo. Sia perché esso parte sempre dal presupposto di dover dimostrare una propria "superiorità", sia perché non è disposto a riconoscere ai popoli non-occidentali una vera autonomia.

Spesso si tende a giustificare la scomparsa delle civiltà cosiddette "naturali", non "civilizzate", dicendo che quella europea era superiore sotto tutti i punti di vista. Il concetto stesso di "superiorità" giustificava, agli occhi degli europei del XVI sec. (e anche dei secoli seguenti, fino ad oggi), l'uso del concetto di "forza". L'europeo si sentiva in diritto di usare la forza soltanto perché l'indigeno, non disposto a lasciarsi conquistare o assimilare, era più debole.

Diventare "come l'europeo", a partire XVI sec. (ma non dobbiamo dimenticarci le crociate medievali), significava - nella concezione europea - adeguarsi a un modello dominante: quello della conflittualità sociale (feudale, come nel caso della Spagna e del Portogallo, o capitalistica, come nel caso degli altri paesi europei).

Gli indigeni avrebbero dovuto combattere per la loro libertà: questo si sono detti gli europei. Dalla guerra sarebbe poi emersa l'affermazione della civiltà migliore, che naturalmente avrebbe avuto ogni diritto di dominare l'altra, oppure sarebbe emersa la necessità del compromesso, se le forze fossero state più o meno equivalenti. Nel XVI sec. gli europei non fecero che trasferire in Africa, in Asia e infine in America, le loro contraddizioni interne, il loro modo di affrontarle. Quanta meno resistenza incontravano, tanto più si sentivano giustificati nella convinzione d'essere una "razza superiore".

Il concetto stesso di "uguaglianza" è servito agli europei, non meno di quello di "diversità", per esercitare impunemente il proprio dominio. Parlare infatti di "uguaglianza", senza considerare la dignità delle "diversità" incontrate, la loro legittima autonomia, la loro specifica identità, significa presupporre una realizzazione unilaterale del concetto di uguaglianza, quella appunto voluta dagli europei, che in quel momento disponevano di ogni potere.

Senza rispettare integralmente le diversità, l'uguaglianza diventa sempre una forma di violenza, e da subito, cioè senza neanche vi sia il bisogno di aspettare i risultati concreti della sua applicazione. Marx diceva che il diritto, per essere uguale, dovrebbe essere disuguale. Infatti, davanti alla legge l'uguaglianza è un concetto relativo: sia perché la legge in questione viene elaborata solo dal più forte, sia perché la legge, anche se fosse elaborata con la partecipazione del più debole, non potrebbe comunque tener conto di tutte le diversità. Se la democrazia esiste, la legge è inutile, e se non esiste, la legge non serve a garantirla, se non in via del tutto provvisoria e molto formale.

La legge, per sua natura, tende a semplificare, a generalizzare, oppure, nel peggiore dei casi, a complicare, per impedire che altre leggi vengano applicate. È impossibile ch'essa rispetti le diverse esigenze di tutte le classi sociali. Gli uomini possono sentirsi uguali tra loro, solo se avvertono che la loro specifica diversità viene rispettata e che, nello scambio reciproco e paritetico delle esperienze, sono liberi di accettare quelle che preferiscono.

Filosofia della dittatura militare

Sin dalla nascita delle civiltà, seimila anni fa, le guerre sono sempre state fatte per arricchirsi a spese altrui. Per farle occorrono generalmente soldati forti e coraggiosi, ben addestrati e guidati da ufficiali esperti e motivati, soldati disposti a sopportare grandi sacrifici e che quindi non possono appartenere a ceti abituati a vivere negli agi. Questo a prescindere dal fatto che oggi le guerre si possono fare anche con strumenti più sofisticati, p.es. i capitali o i mezzi di comunicazione, che però tendono ad aggiungersi a quelli tradizionali e non a sostituirli in toto.

Nel passato un ufficiale poteva anche provenire dai ranghi elevati, ma doveva prima sottostare a una ferrea disciplina, la quale comunque di per sé non lo faceva diventare un valente militare. Tanti grandi generali, condottieri, conquistatori, di tutti i tempi e luoghi, provenivano da ceti modesti, se non addirittura infimi (Diocleziano p.es. era figlio di ex-schiavi). Era stata proprio la loro umile origine a favorirli nella conoscenza dei limiti e delle capacità del mondo militare.

Non basta l'accademia per diventare ottimi ufficiali: ci vuole l'esperienza sul campo, poiché alla fine è solo questa che dà la necessaria flessibilità per vincere battaglie e guerre, anche nei momenti che paiono disperati e per i quali i manuali consigliano la ritirata.

I ceti in grado di fare la guerra sono spesso quelli provenienti da ambienti rurali, montanari, operaistici, quelli che possono venire arruolati sfruttando la speranza che hanno di poter ottenere di più di quanto invece vanno a perdere, quelli che, nella considerazione del politico, vengono considerati marginali, perché non appartengono a lobbies di potere: sono soltanto carne da cannone. La guerra di Secessione negli Stati Uniti fu vinta dai nordisti con l'apporto fondamentale dei neri liberati dalla schiavitù.

Bisogna però che questi militari vengano saggiamente motivati, con garanzie di riscatto sociale, che non possono coincidere soltanto con un riconoscimento economico per la mansione bellica prestata. Se i militari provengono dai ceti marginali, occorre che, finita la guerra, essi possano fare o carriera militare, oppure ottenere terre in proprietà o altri benefici che assicurino loro un miglioramento significativo della condizione sociale antecedente all'arruolamento. Va evitato con cura il tradimento che fece il governo italiano ai militari che avevano combattuto, vincendola, la prima guerra mondiale.

Un militare non deve mai avere la percezione che sta combattendo soltanto perché le istituzioni statali lo obbligano. Di fronte alle prime gravi sconfitte si demoralizzerà molto facilmente e si chiederà perché combattere per uno Stato che in tempo di pace non lo aveva mai messo in condizione di vivere dignitosamente. Se un militare comincia a pensare che, in ultima istanza, il nemico può non essere peggiore del proprio sovrano o del proprio Stato o della propria nazione, la sconfitta sarà assicurata.

Di regola tuttavia la guerra non serve tanto ai militari, quanto piuttosto ad arricchire i ricchi, che temono di essere scavalcati da altri ricchi o da altri che lo stanno diventando, usando metodi giudicati "illegali" o moralmente "illeciti". In tal senso fenomeni come il colonialismo e l'imperialismo possono essere letti come il tentativo da parte delle nazioni più ricche, che per diventarlo avevano usato tutti i metodi più vergognosi, d'impedire che altre nazioni, partite in ritardo, usassero gli stessi metodi per spartirsi la torta dei paesi più deboli. Poiché esiste uno sviluppo ineguale nei livelli di "civilizzazione", chi parte in ritardo, per poter recuperare il tempo perduto, è costretto a rinunciare a qualunque forma di scrupolo. Italia, Germania e Giappone, p.es., furono costrette a diventare nazi-fasciste per poter competere con nazioni imperialiste già molto avanzate, come Gran Bretagna, Francia e Stati Uniti.

I potentati economici che decidono di entrare in guerra investono le loro risorse, trasformando l'industria da civile a militare e ottengono, finché la guerra permane, dei profitti favolosi. Chi rischia di più sono invece i politici, poiché se il loro paese perde la guerra, saranno costretti alle dimissioni. Se invece il paese, pur avendo perso la guerra, non riesce a imboccare la vera strada della democrazia sociale, gli industriali, che prima erano stati favorevoli alla guerra, facilmente sapranno riconvertire le loro aziende in produzioni civili. L'esempio della Fiat, in tal senso, è emblematico.

Quanto al reperimento delle risorse economiche per sostenere una guerra, generalmente esse vengono procurate dallo Stato attraverso le tasse estorte ai cittadini meno abbienti, che non vanno a combattere; oltre alle tasse esiste anche il lavoro coatto o l'imposizione di grandi risparmi e sacrifici.

Il risultato delle guerre è però alla lunga sempre negativo, anche in caso di vittoria. Infatti gli agi ch'esse procurano portano non solo a una più generale corruzione dei costumi, ma anche a infiacchire gli animi, a non desiderare più di fare altre guerre. Il servizio militare diventa facoltativo, fatto su richiesta, come se fosse un lavoro che necessariamente deve essere ben pagato, essendo in gioco la vita di qualcuno.

Quando sono abituate a vincere, le nazioni ripongono tutta la loro superiorità non tanto sui militari quanto sulla tecnologia che usano, su cui continuano a investire enormi capitali. Si presume di essere imbattibili solo perché si dispone di un ingente potenziale bellico e non vengono tenuti nella giusta considerazione altri fattori extra-militari (ivi inclusi i moti popolari a favore del pacifismo). È in questa sopravvalutazione di sé che si perdono le guerre (come p.es. gli Usa in Vietnam). La forza dissuasiva, che dovrebbe funzionare solo nei confronti del nemico, finisce col ritorcersi nei confronti di se stessi.

La debolezza di una nazione dipende anche dal fatto che il mondo militare diventa un mondo industriale in piena regola: le armi, quando non si usano, si possono comunque vendere, anche ai propri nemici o concorrenti economici, facendo attenzione a non vendere quelle che hanno un valore strategico (equivalente oggi al nucleare) o comunque quelle di distruzione massiva. Insieme alle armi si vende anche l'addestramento per imparare a usarle. È tutta una catena di cui non si vede la fine.

Per gli eserciti permanenti, professionali, tecnologicamente avanzati, la pace è una vera disgrazia. Occorre sempre provocare conflitti locali, regionali, proprio perché, anche se in essi non si è coinvolti direttamente, si può sempre approfittarne per vendere armi, anche a entrambe le parti belligeranti, naturalmente non fino al punto in cui si possa creare una situazione controproducente sul piano politico. Tendenzialmente però i generali preferiscono il coinvolgimento diretto, anche per tenere in esercizio le loro truppe e sperimentare gli effetti sul campo delle nuove trovate tecnologiche (come p.es. fanno gli americani col fosforo o l'uranio impoverito e come facevano in Vietnam con gli agenti chimici).

Un altro aspetto che bisogna considerare attentamente è il fatto che, se è vero che i militari dipendono dalla politica, è anche vero che quando questa non riesce a risolvere o contenere i problemi sociali (che nelle società antagonistiche aumentano a prescindere dalle guerre vinte), i militari tendono a diventare anche politici. E quando un militare si politicizza (generalmente attraverso un colpo di stato), la dittatura è inevitabile.

Per tutto il periodo dell'impero romano nessun imperatore volle mai ripristinare, per se stesso, la divisione tra militare e politico. Neppure nel Medioevo lo si fece: gli imperatori erano sempre esperti di questioni militari. Ci vollero le guerre italiane tra Impero e Comuni prima che quest'ultimi riuscissero a imporsi politicamente. Tuttavia il passaggio dai Comuni alle Signorie e ai Principati comportò la progressiva concentrazione dei poteri nelle mani dei ceti più abbienti e alla fine in quelle del Principe, che era un militare di professione.

Il Principe (esattamente come l'Imperatore romano o come il Tiranno greco) appariva come una sorta di mediatore tra opposti interessi. Gli imperatori romani, p.es., poterono godere di ampi consensi popolari proprio perché, pur essendo dei dittatori, venivano visti come un contrappeso decisivo alla protervia dei senatori. Anche nel mondo greco la parola "Tiranno" non veniva affatto considerata negativamente dal popolo, proprio perché il Tiranno era colui che limitava i poteri politici degli aristocratici, considerati cinici e corrotti.

Tuttavia, se il potere *politico* dei senatori, degli aristocratici proprietari di terre subì dei ridimensionamenti, non così fu per il potere *economico* di queste classi privilegiate. Nessun imperatore, nessun dittatore o tiranno riuscì mai a realizzare una società davvero democratica, neppure quando fruiva di un grande consenso popolare. Gli aristocratici persero il loro potere economico solo in seguito a sconfitte militari da parte di popolazioni straniere, "barbariche".

Dunque, come si può notare, i processi si ripetono. Il motivo sta nel fatto che nelle società antagonistiche i conflitti sociali obbligano ad avere, da parte dei ceti benestanti, un corpo separato, quello appunto militare, preposto al controllo delle sommosse popolari, delle rivendicazioni che rischiano di trasformarsi in ribellioni. I dittatori, pur fruendo del consenso popolare, non hanno mai permesso che le rivendicazioni delle masse si spingessero oltre un certo livello. Il duce doveva soltanto apparire come una forma d'illusione, un *deus ex-machina*.

Finché c'è separazione tra proprietari e nullatenenti, ci sarà sempre separazione tra militare e civile, tra militare e politico. E siccome i conflitti, non risolti, tendono sempre a peggiorare (a volte son proprio le guerre ad acuirli, in quanto queste mandano in rovina i ceti più deboli, anche quando la loro nazione risulta vittoriosa), il civile e il politico finiranno inevitabilmente coll'essere subordinati al militare, poiché, in ultima istanza, solo il militare garantisce allo sfruttamento l'ordine pubblico di cui necessita.

Per togliere al militare i suoi poteri politici non sarà sufficiente un colpo di stato, poiché con questo mezzo le contraddizioni non si risolvono affatto, ma occorrerà una vera e propria *rivoluzione di popolo*, occorrerà cioè che i militari si schierino apertamente dalla parte delle esigenze di sopravvivenza del popolo.

Occorrerà altresì che i leader rivoluzionari, appena fatta l'insurrezione, mettano il popolo in condizioni di *autogovernarsi* e anche di *autodifendersi* contro chiunque voglia privarlo del diritto alla propria autonomia. È sbagliato pensare che il popolo vada sempre tenuto disarmato o che lo si debba armare solo in caso di estrema necessità, come quando, p.es., si devono combattere dei nemici esterni alla comunità nazionale. I nemici, quelli più pericolosi, spesso sono *interni*.

Se il popolo non è in grado di gestire il proprio destino, si rischia che le forze rivoluzionarie, giunte al potere, compiano un tradimento inaspettato degli ideali rivoluzionari. Non possiamo dimenticare la peggiore lezione della storia, quella dello stalinismo.

La democrazia o è *diretta* o non è. Non può essere delegata ma solo *autogestita*, e questo è possibile solo in una porzione di territorio *piccola*, in cui sia possibile il controllo dei controllori. Una qualunque democrazia delegata corrompe qualunque eletto, anche il più onesto di questo mondo, proprio perché è il sistema politico della delega in bianco che lo rende inevitabile.

L'entità dei poteri dovrebbe essere inversamente proporzionale alla distanza che un organismo ha nei confronti dei propri cittadini: quindi *massima a livello comunale* e *minima a livello statuale*. Invece adesso è esattamente il contrario. E quando ci si accorgerà che questa forma delegata della politica non svolge alcuna vera funzione produttiva, anzi è di intralcio ai poteri forti dell'economia (che devono sopportare concorrenti internazionali molto più agguerriti di loro), questi inevitabilmente preferiranno soluzioni più autoritarie, oppure abbandoneranno l'Italia a se stessa, delocalizzando completamente la propria attività.

La dittatura è inevitabile? Forse no

Una svolta politica, per tenere in piedi un sistema malato come il nostro, non può essere che autoritaria. Se non si vogliono risolvere (ma, se vogliamo, neppure affrontare) le cause fondamentali del malessere e se si vuol far credere che il malato soffre di un male non cronico ma passeggero, non resta che la *dittatura*, cioè il modo tradizionale con cui illudere le masse che dall'alto si possono facilmente risolvere tutti i problemi, tutte le crisi.

Nei paesi occidentali, ove domina il capitale privato, quando la democrazia formale non funziona, non si chiede maggiore democrazia ma più autoritarismo. Lo chiedono ovviamente i poteri forti, quelli che gestiscono la politica, l'economia, l'informazione. Non si vede altra via d'uscita che il cesarismo, il capo carismatico, proprio perché gli esponenti dei settori di potere vogliono conservare i loro privilegi e, anzi, possibilmente aumentarli. Non vogliono avere intralci di alcun genere, non vogliono sentire contestazioni.

I nemici da abbattere, da ridimensionare, da circoscrivere in un'area ben limitata sono gli oppositori politici, i magistrati che vogliono far rispettare la legge, i movimenti a favore delle libertà sociali civili ambientali, i docenti che fanno della loro libertà d'insegnamento un'occasione per criticare la democrazia borghese.

In questa operazione di censura e di costrizione, i poteri forti spesso si avvalgono della collaborazione delle confessioni religiose di stato o maggioritarie, le quali, essendo anch'esse istituzioni di potere o comunque di consenso, han bisogno, per sopravvivere, di determinate contropartite.

Il problema principale che in questo momento i poteri governativi (politici o economici) devono risolvere è quello di capire *in quali forme è possibile imporre una dittatura*, cioè con quali *pretesti* si può cercare di convincere la popolazione della sua *necessità*. Devono infatti stare attenti a non ripetere le esperienze fallimentari del nazi-fascismo, quando la dittatura si poneva in maniera troppo esplicita.

Quelle furono esperienze conseguenti ai problemi rimasti irrisolti dopo la fine della prima guerra mondiale e dopo il crac borsistico del 1929. Oggi non solo non esiste la prima condizione, ma grazie allo Stato sociale s'è potuto scongiurare un crollo finanziario altrettanto grave, quello del 2008. Le banche sono state salvate grazie ai risparmi dei cittadini, sottratti loro con la forza.

L'unica condizione che oggi il potere può utilizzare come pretesto per rendere necessaria una dittatura è appunto il colossale *debito* degli stessi Stati sociali: un debito che, in assenza di un Pil sostenuto, rischia di travolgere l'intero sistema.

I poteri forti non vogliono un caos generalizzato, i cui scenari potrebbero essere imprevedibili, ma aspirano a utilizzare la paura del caos per rivendicare la necessità di un presidenzialismo autoritario. Ecco perché non hanno fretta a fare delle riforme; ecco perché, quando parlano di riforme, le vogliono a costo zero, oppure molto dolorose per i ceti medio-bassi (negli Usa, addirittura, l'unica che sono riusciti a varare quella sanitaria, se la stanno rimangiando).

Se vi è la minaccia di un crac finanziario dello Stato, se le famiglie temono che tutti i loro risparmi si riducano a un nulla, se il tenore di vita è sempre più costretto a subire gravi deterioramenti e se la popolazione ha la netta percezione che i propri sacrifici non sortiscono alcun effetto positivo sulla crisi, sicuramente si pongono le condizioni per una svolta autoritaria.

Il sistema, che è profondamente corrotto, vuole offrire l'illusione che la dittatura serva proprio per difendere la democrazia. Le istituzioni, quindi, possono anche sopravvivere, ma come un guscio vuoto. È la dittatura della democrazia che ci vogliono somministrare come medicina salutare per un sistema malato. Una dittatura non solo economica (del capitale) ma anche politica (delle istituzioni che lo rappresentano).

Un'operazione del genere, in Europa, può essere fatta solo in un modo: *trasferendo tutti i poteri politici al Parlamento europeo*, cioè ponendo fine all'autonomia dei singoli Stati, sempre più incapaci di autogovernarsi e soprattutto di gestire il proprio debito pubblico. Gli Usa invece, che questo centralismo l'hanno già e che sono infinitamente più militarizzati di noi europei, hanno bisogno di pretesti che coinvolgano immediatamente le forze armate e di polizia.

Ecco, di fronte a un'operazione del genere non si può tergiversare, soprassedere, minimizzare. Bisogna difendersi, non per limitarsi a tutelare la democrazia formale (come fa la sinistra riformista), ma proprio per uscire dal sistema. E, poiché questo è di tipo mercantile, la ricetta per farlo è una sola: l'*autoconsumo*.

La storia non offre ulteriori alternative. Ci vuole un *autoconsumo armato*, in grado di difendersi dagli attacchi del globalismo liberista e deregolamentato, dall'oligopolio delle multinazionali, dalla mondializzazione finanziarizzata: un virus che non proviene solo dagli Usa, ma anche dal Giappone e dall'Europa occidentale e, ultimamente, anche dalla Cina e da altre potenze terzomondiali che vogliono diventare come noi.

Dobbiamo farlo anche a costo di dover rinunciare a tutto il progresso tecnologico fin qui raggiunto e col rischio di ritornare al paleolitico. È la *dignità umana* che ne va di mezzo.

I cinque principi di qualunque totalitarismo

Che cos'è il *totalitarismo*? Se ne parla dagli anni Venti del secolo scorso, quando i democratici italiani iniziarono a definire così il fascismo. Lo stesso Mussolini si convinse che questa parola era la più adatta a indicare il primato assoluto dello Stato sull'individuo. Per lui era una forma di *idealismo politico*, invece che una pura e semplice dittatura.

Quando s'imposero, negli anni Trenta, sia il nazismo che le purghe staliniane, si pensò di estendere il termine anche ad altre dittature. Viceversa, finita la seconda guerra mondiale, l'occidente cominciò a sostenere che l'unico regime totalitario era quello del cosiddetto "socialismo reale", finché, negli anni Cinquanta, si precisò dettagliatamente le cinque caratteristiche generali di un sistema totalitario:

1. la presenza di un'ideologia ufficiale che vieta la libertà di opinione (e si diceva che questo non poteva esserci in occidente, sia perché lo Stato è laico e a-confessionale, sia perché vige qui il pluripartitismo, sia perché la Costituzione garantisce a tutti la libertà di parola, di associazione, ecc.);

2. il potere assoluto di un leader carismatico e del suo partito di massa, che si serve dello Stato come di un proprio strumento (cosa che in occidente non esiste, in quanto il sistema politico è rappresentativo, soggetto a periodiche elezioni, dove i segretari di partito vengono decisi dai congressi o dalle cosiddette "primarie", e dove sono sempre possibili delle coalizioni di partiti diversi, sulla base di alcuni elementi comuni nei rispettivi programmi elettorali);

3. l'uso sistematico della violenza e del terrore poliziesco (cosa che in occidente non esiste, in quanto ogni cittadino fruisce di fondamentali diritti costituzionali e, anche quando egli viola la legge, ha sempre diritto a una difesa legale e a non rilasciare dichiarazioni che potrebbero danneggiarlo);

4. il monopolio, da parte del partito-stato, dei mezzi di comunicazione di massa, utilizzati per un'opera assidua di propaganda (cosa che in occidente non esiste, in quanto i mezzi di comunicazione nazionali possono essere pubblici e privati e, se sono pubblici, devono sottostare al controllo del Parlamento, il quale non permetterà che tali mezzi vengono usati per conseguire fini politici di parte);

5. il controllo, da parte del partito-stato, di ogni settore della vita sociale (cosa che in occidente non esiste, in quanto le istituzioni devono rispettare i diritti costituzionali di ogni cittadino e le sue libertà fondamentali).

Davvero le cose stanno così? Davvero tutto l'occidente, sorto sulle ceneri della seconda guerra mondiale, ha capito la lezione e oggi esso rappresenta la quintessenza della democrazia politica, il campione della legalità, il baluardo indistruttibile a favore dei diritti e delle libertà dei cittadini? Riprendiamo i punti di prima e proviamo a rovesciare i termini:

1. l'occidente non ha bisogno di affidare a un partito o a uno Stato il compito di professare un'ideologia specifica, proprio perché tutte le società, che hanno iniziato a metterla in pratica mezzo millennio fa, la vivono come un dato di fatto e non hanno bisogno che qualcuno gliela imponga;

2. in occidente lo Stato fa già gli interessi di una classe particolare e, di questa, soprattutto dei suoi livelli più alti, per cui tale classe non ha alcuna necessità d'imporre un partito unico, né di rivendicare uno Stato chiaramente orientato a favorirla (di regola anzi questa classe non vuole ingerenze statali nei propri affari);

3. la classe egemone non ha bisogno di ricorrere alla violenza fisica quando, per ottenere determinati risultati, le è sufficiente ricorrere alla corruzione, al ricatto, all'intimidazione, alle minacce di tipo legale, come p. es. le cause in tribunale;

4. i mezzi di comunicazione di massa, che siano pubblici o privati, non si differenziano nella sostanza, in quanto sono finalizzati a sostenere il sistema che li finanzia, e, in ogni caso, tali mezzi sono concentrati nelle mani di pochissime persone, e, anche quando sono pubblici, la loro gestione è affidata a dei partiti su cui gli elettori non hanno alcun controllo;

5. un cittadino occidentale non ha bisogno d'essere controllato direttamente dal potere politico, quando lo è già, indirettamente ma quotidianamente, dai mass-media, dagli apparati di stato, più o meno ideologici, come la chiesa, la scuola, i partiti, i sindacati ecc.

Stando le cose in questi termini, bisogna dire che non esiste una differenza sostanziale tra *democrazia parlamentare* e *dittatura militare*. Sono soltanto due facce d'una stessa medaglia. L'una è costretta a imporsi quando l'altra non è più sufficiente per conservare inalterati i cinque "sani" princìpi visti sopra. La dittatura è una scelta estrema quando si formano opposizioni preoccupanti a una democrazia di facciata.

Va inoltre detto che è difficile sostenere che tali princìpi si riferiscano esclusivamente alle moderne società di massa. Rispetto alla dittatura della chiesa romana feudale, ancora una volta sono soltanto le forme a essere cambiate. Nel Medioevo non c'era l'ideologia borghese ma la teologia latina; il partito era la chiesa, guidato da un papa infallibile, e il sovrano era il suo braccio secolare; la violenza veniva esercitata dall'inquisizione, dalle scomuniche e dalle crociate, con gli eserciti mercenari sempre a disposizione; la cultura era monopolio del clero, regolare e secolare; e attraverso la capillare diffusione delle diocesi, degli ordini religiosi, dei movimenti e delle associazioni ecclesiali, e soprattutto dei sacramenti, i vertici clericali erano in grado di controllare la vita di ogni credente, persino quella più intima.

L'etica della guerra e la guerra dell'etica

Le guerre sono l'esigenza di un'etica che si sente forte e che si è indebolita: un'etica malsana, individualistica, abituata a usare non l'esempio ma la forza per imporsi, e che quando poi riesce a ottenere ciò che vuole, diventa molle, s'infiacchisce, e non sa più come affrontare le proprie insanabili contraddizioni, i propri limiti egoistici.

L'esigenza della guerra è connaturata a una sorta di vuoto esistenziale, così tipico di quelle società (e financo di quelle civiltà) disposte anche a morire pur di trionfare sui più deboli.

È un'esigenza ciclica, che si ripete a ritmi alterni: a periodi di pace, in cui l'etica si rilassa, subentrano periodi di guerra, in cui l'etica s'irrobustisce.

L'etica della guerra è un'etica di conquista, quella mediante cui il più forte vuole dominare. È l'etica del sacrificio, del coraggio, del disprezzo per la morte o per il dolore. È l'etica dell'obbedienza, del cameratismo, dell'altruismo nei confronti dei propri compagni, e dell'odio spietato nei confronti del proprio nemico. S'impara ad amare e a odiare nello stesso momento, con la stessa intensità.

È un'etica schizofrenica, lacerata, che illude i combattenti di poter diventare migliori proprio mentre uccidono qualcuno. L'omicidio viene giustificato in nome della guerra, cioè in nome del fatto che, siccome non si riesce ad amare nella pace, si deve provare a farlo nella guerra. E chi non è un "compagno" da amare e rispettare, è visto solo come un nemico da abbattere.

La paura di non-essere fa nascere le guerre, che infatti servono per affermare un "proprio essere", l'essere della cultura, della nazione, della civiltà a cui si appartiene.

E sono guerre non di difesa ma di attacco. Non si sta difendendo legittimamente il proprio territorio, ma si sta occupando quello altrui. E mentre lo si occupa, si sviluppa l'etica, i cui valori sono finalizzati alla conquista e alla distruzione di chi fa resistenza.

E il militare non può aver dubbi di sorta: sta combattendo una guerra giusta, a favore della civiltà, della libertà, della giustizia, della scienza, del progresso e soprattutto dei valori umani universali.

Il soldato mette a repentaglio la propria vita per il bene dell'umanità e spera d'essere considerato un prode, un valoroso, addirittura un eroe. Viene ingannato dai suoi superiori e finisce con l'ingannare se stesso.

Prima della guerra l'etica era così debole che non si riusciva più a distinguere il bene dal male. E men che meno si può pensare di farlo durante la guerra, dominata dal principio *mors tua, vita mea*. È impossibile far chiarezza mentre si combatte, proprio perché la guerra rende elementari tutti i principi etici: o uccidi o vieni ucciso. Al massimo si può obiettare all'ordine di uccidere, se questo viola la dignità umana. Ma è molto raro vederlo.

La vera etica, quella umana, non può essere decisa durante la guerra: va decisa o prima o dopo. E quando non si riesce a farlo in tempo, la guerra diventa inevitabile; e se non si riesce a farlo neppure dopo, la guerra è stata inutile.

Guerra giusta e ingiusta

Tecnicamente, l'uso delle armi ha senso soltanto quando esistono realisticamente delle possibilità di successo. Quando non si sa interpretare la realtà con la dovuta accortezza, il ricorso alle armi è sempre frutto di avventurismo. Questo perché le armi offrono l'illusione di un successo facile, immediato.

Per essere sicuri della vittoria - ovviamente di questo non si può mai essere sicuri al 100% - occorre che l'esigenza di far ricorso alle armi venga sentita dalla grande maggioranza della popolazione, perché poi dovrà esser questa a difendere, in un modo o nell'altro, la "causa" (il territorio, la popolazione, le risorse, i beni naturali e culturali, ecc.) dagli attacchi del "nemico".

Se il popolo non si convince di questo, significa che la "causa" è stata portata avanti in maniera sbagliata. Quando noi diciamo che il terrorismo ha sempre torto, anche quando alle menti illuminate sembra aver ragione, lo diciamo perché non è sufficiente che una causa sia giusta per pretendere che il popolo la difenda sino in fondo.

Non c'è quindi modo di sapere a priori quand'è il momento giusto per impugnare le armi e combattere il "nemico". È sufficiente, a tale scopo, stare all'erta, vigilare. Soprattutto occorre continuamente verificare se esistono alternative allo scontro armato. Se è vero che la politica è l'arte del possibile, a maggior ragione lo è quando è in gioco la vita di milioni di persone. A priori non si può stabilire nulla.

Le armi s'impugnano quando non esistono alternative praticabili, ovvero quando tutte le soluzioni parlamentari, tutti i negoziati sono stati rifiutati o comunque non hanno sortito risultati soddisfacenti per entrambe le parti in causa.

In guerra c'è sempre chi attacca e chi si difende; se tutti pensassero solo a difendersi, probabilmente non esisterebbero guerre, ma, al massimo, le chiusure aristocratiche o l'isolazionismo.

Certo è che se chi detiene il potere pensa solo a difendersi, contro una marea sterminata che chiede pane e lavoro, è difficile pensare che una guerra (anche interna alla singola nazione) non debba scoppiare.

Il concetto di guerra non può riferirsi soltanto agli atteggiamenti aggressivi o di irriducibile chiusura, ma anche agli atteggiamenti di chi reclama la legittima difesa per la propria sopravvivenza.

La guerra è sempre uno spreco incredibile di risorse umane e materiali, nonché una ferita profonda inferta alla natura; tuttavia essa diventa inevitabile quando sono in gioco le motivazioni profonde dell'agire umano. Quando vivere diventa impossibile, la guerra diventa inevitabile. E poiché siamo fatti di carne, ci combattiamo "fisicamente", ma se anche questo ci fosse in qualche modo impedito, ci combatteremmo con armi "immateriali", la cui violenza sarebbe non meno devastante. Quante "guerre domestiche" tra coniugi o tra genitori e figli altro non sono che scontri tra "coscienze" con opposte concezioni di vita?

La pace proclamata dai potentati economici e politici ha il solo scopo di garantire dei privilegi acquisiti. Non a caso quando tali privilegi cominciano a essere minacciati, i primi a chiedere il ricorso alle armi son proprio i ceti dominanti, i quali, fino a poco tempo prima, raccomandavano caldamente al popolo di non ricorrere mai alla forza, all'uso della violenza.

Spesso le guerre scoppiano solo perché una sparuta minoranza di privilegiati è riuscita, con l'inganno, a convincere buona parte della popolazione che la causa per cui si doveva combattere non era privata ma pubblica.

Quando sono le masse a soffrire le catene dello sfruttamento, il ricorso alla guerra può diventare l'unica soluzione praticabile. In particolare le masse dovrebbero puntare sulla "guerra civile", cioè sulla guerra interna alla nazione, e non sulla guerra militare tra Stati, perché queste guerre sono sempre "di conquista" e di regola vengono scatenate dai governi in carica e non dai popoli.

Ai popoli, in genere, non interessa combattere contro altri popoli, a meno che non vi siano indotti con l'inganno dai governi, i quali infatti, pur di evitare le guerre civili, preferiscono scatenare quelle militari.

Ai popoli dovrebbe soltanto interessare l'idea di combattere i governi interni e soprattutto ciò che essi rappresentano: gli interessi dei potentati economici. Sono questi potentati che, grazie ai governi compiacenti, possono sfruttare e opprimere popolazioni differenti, siano esse interne, cioè nazionali, o esterne, come p.es. le popolazioni terzomondiali.

Per questi potentati economici e politici la guerra è un gioco al massacro, in quanto essi direttamente non si lasciano coinvolgere (a meno che non abbiano da lucrarci sopra), preferendo delegare il compito a una parte affamata della popolazione, disposta a trasformarsi in mercenaria di professione, pronta a qualunque tipo di delitto.

Poiché le guerre vengono materialmente fatte dai militari e non dai politici o dagli imprenditori, i militari, prima ancora di impugnare le armi, dovrebbero chiedersi per quale causa è necessario ch'essi rischino la loro vita e se questa causa è davvero così importante da richiedere il sacrificio di migliaia, se non milioni di persone.

La libertà di coscienza deve penetrare anche nelle file delle forze armate, scardinando i principi disumani della cieca obbedienza ai superiori o del *mors tua vita mea* o del *si vis pacem para bellum* o quello moderno secondo cui la guerra è la politica condotta con altri mezzi, e via dicendo.

Non solo, ma le operazioni belliche andrebbero sottratte a forze armate specializzate, in quanto dovrebbero diventare competenza dell'intero popolo. In una democrazia diretta e autogestita tutti sono tenuti a difendere, con o senza armi, il territorio in cui vivono. Cioè lo si può fare in modi diversi, ma non si può non farlo.

Sull'esigenza della guerra

Le guerre scoppiano perché dal momento in cui s'è persa l'occasione per risolvere le contraddizioni del sistema, queste contraddizioni si sono accumulate a tal punto da rendere scettica la maggioranza dei cittadini sulla possibilità di risolverle con mezzi pacifici.

Ora, siccome nessuno può sopportare all'infinito le sofferenze, diventa relativamente facile credere che la guerra sia il mezzo migliore per superarle, al punto che ci si illude che, se anche nell'immediato essa non farà che aggiungere dolori a dolori, in futuro le cose cambieranno certamente.

In realtà, le guerre, di per sé, non possono risolvere alcuna contraddizione, essendo l'effetto e non la causa del malessere generale (anche se, in quanto effetto, esse possono essere causa di nuovi malesseri). Al massimo le guerre possono esasperare a tal punto i conflitti sociali da indurre le forze progressiste ad assumere con coraggio la guida di una nazione.

La storia infatti dimostra che, all'inizio della crisi del sistema, l'occasione di cambiare le cose si presenta come fattibile a gruppi sociali relativamente ristretti, quelli più consapevoli. Se questi gruppi sprecano, per debolezza, il momento favorevole, le contraddizioni si moltiplicano o si acuiscono, ma in tal modo vi è anche la possibilità che gruppi sociali ben più vasti possano prendere coscienza della crisi del sistema e reagire con decisione. Molto naturalmente dipende dall'atteggiamento degli intellettuali.

Certo, la fatica è diventata maggiore in quanto l'ostacolo da abbattere è diventato più grande, ma se vi è consapevolezza di massa, la fatica sarà soltanto proporzionata al compito (relativa cioè alle esigenze del momento storico).

Ecco perché, in sostanza, bisogna essere ottimisti. Bisogna cioè credere che vi è sempre la possibilità di risolvere i problemi, se si concentrano gli sforzi verso un obiettivo comune. L'esigenza di una guerra non fa altro che esprimere uno scetticismo di massa, indotto da quelle forze regressive che vogliono conservare lo *status quo*.

Psicologia della guerra

Durante la guerra tra Irak e Quwait chi, in occidente, desiderava l'intervento militare delle forze dell'Onu, riteneva d'essere nel "giusto" rispetto a chi, non volendo quell'intervento, dava l'impressione di voler conservare lo *status quo* dell'aggressione irakena. L'interventismo ha offerto più appigli del pacifismo al desiderio di cambiare le cose. Ecco perché l'occidente è potuto intervenire con così grande facilità.

Le critiche degli interventisti ai pacifisti diventano in effetti motivate ogniqualvolta il pacifismo si presenta in maniera astratta, ovvero quando le condanne ch'esso emette nei confronti di certi soprusi e violazioni patenti del diritto, non sortiscono alcun effetto. Basta vedere le molte "condanne morali" inflitte dall'Onu a partire dal 1945 sino ad oggi!

Tuttavia, la soluzione interventista è di per sé illusoria, a prescindere dalle intenzioni di chi la sostiene. Gli interventisti, in genere, sono dei fatalisti, in quanto ritengono che le cose possano cambiare solo magicamente, per virtù di eventi ineluttabili (o che tali appaiono), cioè indipendenti dalla volontà dei singoli individui. Gli interventisti infatti non si ritengono mai responsabili (neppure indirettamente) dello scoppio dei vari conflitti sociali o anche delle guerre. La guerra, per loro, è sempre "inevitabile", è una sorta di "legittima difesa" di una o di molte nazioni contro un nemico plateale.

Naturalmente la guerra non può modificare alcuna situazione se non in peggio (basta vedere il disastro sociale, economico ed ecologico che ha provocato quella del Golfo per convincersene). La guerra, soprattutto quella moderna, non premia i "forti" né, tanto meno, i "buoni", né punisce i "deboli" o i "cattivi". Essa è una tragedia per tutti, in quanto abbruttisce l'umanità facendola regredire paurosamente.

L'inevitabilità della guerra

Dire che la guerra è voluta prevalentemente dai soggetti violenti e individualisti, avrebbe senso solo all'interno della *psicologia sociale*, ma non ne avrebbe ovviamente all'interno del campo economico o politico. Taluni strati o classi sociali (piccola borghesia, professionisti, intellettuali...), che avvertono la loro condizione con frustrazione, perché si rendono conto che le contraddizioni sono sempre più acute e la loro capacità di risolverle sempre più scarsa, credono di trovare la loro realizzazione (almeno momentanea), la loro soddisfazione personale, affidandosi alla magia delle soluzioni unilaterali: guerre, colpi di stato, dittature militari, ecc. Credono in queste cose anche senza ricavarne un immediato o diretto vantaggio economico. I vantaggi sono più di tipo psicologico. Costoro cioè s'illudono che sia possibile un cambiamento delle cose. I più disonesti si servono proprio di tali soluzioni per non dover affrontare alcun problema, cioè per distrarre l'opinione pubblica, per deviare l'attenzione e gli interessi anche, se possibile, degli elementi sociali più coscienti.

In effetti, i grandi problemi sociali (che poi si riflettono sulla vita privata) non possono rimanere irrisolti per troppo tempo. Essi rischiano di produrre conseguenze imprevedibili: il malessere diventa sempre più grande, i sintomi o le terapie diventano sempre più irrazionali. I politici e gli statisti borghesi hanno il terrore di dover perdere il loro potere a causa del persistere di tali problemi irrisolti.

Essi si servono degli strati sociali meno consapevoli (inclusi quelli intellettuali) per tutelare le loro posizioni. La soluzione estrema, unilaterale, autoritaria, bellica... è il "dio" che tutti invocano per risolvere dei problemi molto più vasti e complessi (o almeno per offrire la parvenza che lo si è fatto). E così, se in politica interna si evoca la pena di morte contro l'anonima sequestri, per quale ragione non si dovrebbe evocare una punizione esemplare (con tanto di armi di sterminio di massa) per l'Irak di Saddam Hussein? Le due richieste partono da una medesima esigenza: quella di far giustizia il più presto possibile, nella maniera più efficace e in modo da lasciare un segno per i futuri "criminali".

Son proprio queste persone (specie quelle che giustificano tale estremismo) che di fronte a obiezioni pacifiste, si appellano alla "inevitabilità" degli eventi, alla mancanza di valide o praticabili "alternative". Al massimo, i più onesti si chiedono: "Cosa si dovrebbe fare? Dobbiamo dargliela vinta? Dove andremo a finire se andiamo avanti così?". È sul problema del "fare" che bisogna discutere con queste persone, dimostrando loro che un fare "collettivo", ragionato, garantisce risultati più sicuri, più efficaci, anche se per ottenerli occorre più tempo, più fatica, più coinvolgimento personale.

Una guerra nucleare

Il fatto che l'umanità abbia compreso, anche scientificamente, che una guerra termonucleare mondiale porterebbe alla sua stessa autodistruzione, non significa che tale rischio, d'ora in avanti, debba considerarsi definitivamente scongiurato, ma significa soltanto che se delle forze dotate di enormi poteri militari volessero far scoppiare una guerra del genere, lo farebbero sempre meno nell'illusione di potersi salvare e sempre più nella consapevolezza di potersi anche autodistruggere.

Per timore che questo avvenga, le forze progressiste non possono comportarsi come se ciò dovesse inevitabilmente avvenire, poiché in tal modo esse offrirebbero un incentivo alle forze reazionarie. L'umanità deve smettere di credere nell'esistenza di una qualche inevitabilità al bene o al male. Il suo destino non è scritto nei cieli, ma è unicamente frutto della *libertà*.

Ecco perché dobbiamo considerare la *coesistenza pacifica* come un concetto limitato. Non possiamo più accontentarci di una tregua, dando per scontato che prima o poi scoppierà una nuova guerra tra capitalismo e socialismo. Chi considera la diversità in termini antagonistici (come una minaccia per la propria identità o addirittura per la propria esistenza) è perché ha paura del confronto sul terreno della pace.

La coesistenza pacifica tra sistemi sociali opposti è sufficiente soltanto nel diritto internazionale. Per farla uscire dal limbo delle dichiarazioni formali, quanto meno andrebbe concretizzata con una politica effettiva di *disarmo nucleare*. Se fra tutti gli Stati si riuscisse a concordare una politica del genere, si riuscirebbe anche ad accettare l'idea di dotarsi di forze armate sufficienti soltanto alla difesa.

Approfittare della guerra per cambiare sistema

Ogni guerra, dove pur di vincere o di non perdere, si finisce col compiere qualunque cosa, anche quelle che, nei periodi di pace, non si sarebbero mai fatte, procura devastazioni non solo materiali ma anche *morali*, e non solo in chi perde ma anche in chi vince.

Infatti, se è possibile che chi vince soffra meno disastri materiali, è però certo che non può sottrarsi in alcun modo ai *disastri morali*, quelli che p. es. colpiscono i militari in congedo, i reduci, affetti da sindromi nevrotiche e psicotiche, incapaci di reinserirsi normalmente nella società.

Questi reduci spesso vengono anche biasimati dalle popolazioni civili quando, ad un certo punto, diventa palese che la guerra era stata ingiusta o inutile, quando la si è persa vergognosamente, quando la vittoria non ha comportato alcun vantaggio significativo, quando si sono compiute azioni assolutamente ingiustificate, ecc.

Il compito che attende la società civile è quello di *ricostruire* delle personalità distrutte, che non vogliono sentirsi uniche responsabili di un conflitto deciso dalla politica e, a volte, dalla stessa società civile, di cui pur anche loro erano e continuano a essere parte organica.

Invece le istituzioni tendono a *nascondere* questi traumi, poiché costituiscono un cattivo esempio, un fattore demoralizzante, una critica indiretta ai poteri forti. La politica non vuole essere messa in discussione nelle scelte belliche che prende, siano esse vincenti o perdenti.

Se queste scelte si sono rivelate, alla fine del conflitto, del tutto sbagliate, si tratterà soltanto di sostituire gli statisti responsabili con altri statisti, ma senza modificare il sistema. Il potere non vuole mai che i risultati di una guerra (che sempre, in un modo o nell'altro, destabilizzano) possano indurre la società civile a chiedere una *revisione generale del sistema*. È la società civile che lo deve esigere, e può farlo soltanto se si *sostituisce allo Stato*, se è capace di dimostrare d'essere in grado di *autogovernarsi*.

Chi pensa che una società con queste pretese finisca col comportarsi peggio dello Stato, non sta dalla parte dei cittadini ma dei poteri autoritari, illudendosi o facendo credere che le istituzioni rappresentino la volontà della nazione. Nei sistemi antagonistici, caratterizzati dai conflitti di classe, la politica è sempre al servizio dell'economia e l'economia è sempre al servizio di chi detiene il *monopolio della proprietà privata*. Non esistono istituzioni equidistanti o Stati interclassisti.

Certo, una società civile abituata a essere considerata come una "serva" dallo Stato, abituata soltanto a difendersi da un potere padronale, farà fatica, nel periodo iniziale della propria autonomia, ad *autogestirsi in maniera democratica*. Ma se non riuscirà a migliorare se stessa, non potrà certo addebitare allo Stato la causa di questa sua incapacità, anche perché i poteri dello Stato, nella fase della *transizione*, saranno ridotti al minimo, secondo il seguente principio democratico: la forza dei poteri delegati deve essere inversamente proporzionale alla distanza che li separa dalle comunità deleganti. Cioè *tanto meno forti quanto più lontani*.

In ogni caso in un *sistema di autonomie locali* vi sono condizioni più favorevoli a realizzare un controllo delle attività politiche ed economiche. La democrazia infatti sarà *diretta* e non delegata, la gestione dei mezzi produttivi sarà *collettiva* e non privata, la soddisfazione dei bisogni primari dipenderà dalle *risorse del territorio* e non dai mercati.

In una situazione del genere si potranno recuperare meglio i reduci delle guerre disumane volute da sistemi assurdi.

Una legge hegeliana e la terza guerra

Quando si esaminano le due guerre mondiali, ci si accorge abbastanza facilmente di quanto sia giusta una delle leggi della famosa dialettica hegeliana, quella per cui una serie successiva di determinazioni quantitative (cioè di eventi apparentemente irrilevanti), ad un certo punto produce una nuova qualità, che va a incidere in maniera sostanziale su quelle stesse determinazioni.

Se gli statisti avessero condiviso questa legge, avrebbero fatto di tutto per evitare quei due catastrofici conflitti, cercando di risolvere pacificamente sia i problemi interni ai loro paesi, relativi al confronto tra imprenditori senza scrupoli e mondo del lavoro intenzionato a rivendicare i propri diritti, sia i problemi interstatali, relativi alla spartizione imperialistica del pianeta.

Ma come avrebbero potuto risolvere quei problemi quando nel sistema capitalistico è l'economia privata che detta ragione alla politica? La politica è solo una delle espressioni dell'economia: è al suo completo servizio, al pari dello sviluppo tecnico-scientifico, della cultura, della formazione e anche della guerra. E dagli imprenditori non poteva certo venir fuori la soluzione dei problemi che loro stessi avevano creato.

Gli statisti non solo fecero gli interessi delle rispettive borghesie nazionali, ma permisero anche alle borghesie degli Stati vittoriosi d'infierire sulle popolazioni dei paesi sconfitti, ponendo le basi ai successivi risentimenti e revanchismi. Riuscirono persino a ottenere il consenso, che poi risultò decisivo per i crediti di guerra votati nei parlamenti, di molti dirigenti socialisti della II Internazionale, che invece avrebbero dovuto approfittare dell'occasione per dimostrare la forza della loro opposizione. L'unico partito che non si mise a difendere gli interessi imperialistici della propria nazione e che anzi voleva scatenare una guerra civile, al fine di ottenere una transizione al socialismo, fu quello bolscevico, che lanciò anche la proposta, rimasta inascoltata, di una pace senza annessioni né indennizzi.

In tal senso la storia insegna che se non si reagisce subito a una determinazione quantitativa negativa, si reagirà ancor meno alle successive, e alla fine ci si troverà persino a stare dalla parte sbagliata. Le occasioni perdute fanno "imborghesire" anche i migliori.

Va tuttavia detto che ognuna delle due guerre mondiali fu così devastante da rendere inevitabile, in talune aree del pianeta, una qualche evoluzione anticapitalistica. Dalla prima alla seconda guerra queste aree si ampliarono notevolmente, al punto che, durante la cosiddetta "guerra fredda", tra i due sistemi economici mondiali si riteneva imminente lo scoppio di una terza guerra.

Senonché l'eventualità venne scongiurata da un fatto inaspettato: il crollo di uno dei due contendenti, dovuto all'impossibilità di realizzare un socialismo democratico con gli strumenti dello Stato centralista.

L'idea di voler creare uno "Stato di tutto il popolo" era stata considerata una contraddizione in termini, una presa in giro. Tutto implose repentinamente e in maniera, bisogna dire, abbastanza pacifica: sicuramente sarebbe potuto andare molto peggio, viste le energie spese per creare quella gigantesca illusione.

Dall'altra parte della cosiddetta "cortina di ferro" si esultò: il capitale aveva dimostrato che il sistema migliore del mondo era il proprio, e ora bisognava farlo capire a chi, durante il Novecento, non l'aveva ancora sperimentato. Si era scongiurata una nuova guerra semplicemente perché un avversario s'era rifiutato di combattere e aveva accettato le condizioni dell'altro.

Sicché in questo momento i tanti paesi ex-socialisti stanno vivendo tutte le dinamiche borghesi al loro interno, come se nulla fosse: hanno buttato via non solo l'acqua sporca del socialismo autoritario, ma anche il socialismo imberbe, che, nonostante i gravi errori della sua crescita, non meritava una fine così ingloriosa. Anche perché non è affatto vero che il sistema vincitore goda di ottima salute.

È anzi dall'inizio degli anni Ottanta che i governi cercano, ostinatamente, di smantellare, un pezzo per volta, tutte le conquiste dei lavoratori, portandoli letteralmente alla fame, usando i debiti pubblici come arma di ricatto con cui spogliarli di tutti i loro diritti e facendo della corruzione un vero e proprio stile di vita.

Di nuovo abbiamo a che fare con la suddetta legge hegeliana, e siccome non riusciamo a impedire questa successione negativa di mutamenti quantitativi, ci chiediamo quando verrà il momento in cui vedremo sorgere una nuova tragica qualità e quale sarà, questa volta, il prezzo che l'umanità dovrà pagare per realizzare un socialismo davvero democratico.

Quando si è in guerra

Quando si è in guerra non ci si può opporre a dei militari restando in abiti civili. La "resistenza" di tipo gandhiano o tolstojano è un suicidio: in Russia portò al fallimento della rivoluzione del 1905 e in India non ha certo risolto il problema della proprietà privata terriera né quello delle caste.

Affrontare disarmati un nemico armato è da irresponsabili: non ha neppure delle basi evangeliche, in quanto lo stesso Cristo chiese ai propri seguaci, nell'imminenza dell'insurrezione antiromana, di vendere il mantello per comprare la spada (Lc 22,36).

Uno si può sacrificare individualmente, come p.es. un monaco che si dà fuoco in piazza, ma nessuno può chiedere che lo facciano anche gli altri, nessuno può essere obbligato all'eroismo.

Gli inglesi non sono andati via dall'India grazie a Gandhi, ma perché un territorio immenso come quello era diventato impossibile da gestire con un colonialismo diretto, ovvero di tipo militare, meno che mai in un'epoca in cui gli inglesi avevano ceduto il loro ruolo di prima potenza mondiale agli Stati Uniti; anche se, quando decisero di andarsene, l'economia indiana era stata completamente sconvolta e gli inglesi sapevano benissimo che, senza di loro, gli indiani sarebbero sprofondati in un baratro ancora più grande, in quanto non era più possibile tornare indietro e neppure restare fermi. Pur emancipatasi politicamente da loro, l'India avrebbe continuato a dipendere da un'economia che non le apparteneva, e così gli altri Stati limitrofi, come p.es. Pakistan, Afghanistan e Birmania.

L'India poté emanciparsi politicamente perché l'Urss aveva sconfitto il nazismo, e la Gran Bretagna, pur avendo vinto la II guerra mondiale, si era molto indebolita. Tuttavia per una vera emancipazione politica sarebbe stata necessaria una preliminare emancipazione economica dall'imperialismo inglese e questo non è mai accaduto; anche perché una colonia, per sentirsi davvero libera, non dovrebbe soltanto approfittare di favorevoli eventi esterni (come appunto fu la vittoria russa sui nazisti, che favorì la decolonizzazione di gran parte del Terzo mondo), ma dovrebbe anche creare degli eventi al proprio interno, e questo - se si esclude l'operato di Gandhi - l'India non è mai stata capace di farlo.

Che la popolazione debba assolutamente armarsi, in caso di guerra contro un nemico esterno o di guerra civile, lo dice anche il fatto che, a partire dagli anni Trenta, qualunque guerra non ha più fatto differenza tra militari e civili. Guernica *docet*. Anche dall'altra parte del pianeta il Giappone stava trasformando l'Asia in un mattatoio, sotto il pretesto di liberarla dal colonialismo euro-americano.

La tragica conferma di questa realtà di "guerra totale" non l'abbiamo avuta solo col genocidio nazista nei confronti di ebrei e slavi, ma anche con le atomiche di Hiroshima e Nagasaki, per l'uso delle quali gli americani non hanno mai chiesto scusa.

Il crescere della pseudo-democrazia borghese, che già a partire dal 1922 ha cominciato a produrre le peggiori dittature della storia contemporanea, ha trasformato il terrorismo di stato in un fenomeno di massa. Questa pseudo-democrazia ha prodotto soltanto immani tragedi, senza garantire alcunché di positivo per la ricostruzione.

Sembra di assistere alla reiterazione su vasta scala di quell'incredibile evento accaduto duemila anni fa, quando, davanti alla possibilità di liberare il più significativo leader che Israele avesse mai avuto contro Roma, il popolo di Gerusalemme, nella sua maggioranza, scelse Barabba, che certamente non credeva, come l'altro, nel valore della democrazia.

Gli esiti delle guerre civili

La Francia e l'Inghilterra sono diventate due grandi nazioni (coi rispettivi imperi mondiali) solo dopo cocenti sconfitte in politica estera e sanguinose guerre civili, che la politica interna, fosse essa autoritaria o diplomatica, non seppe in alcun modo impedire.

Delle due nazioni, quella che subì più sconvolgimenti interni, di più lunga durata e di più forte intensità fu l'Inghilterra, che, non per nulla, diventò la prima nazione al mondo sino alla fine della seconda guerra mondiale.

L'inizio della catastrofe inglese porta la data della battaglia di Bouvines (1214), con cui la Francia, appoggiata dal papato, ebbe la meglio sul sovrano inglese Giovanni Senza Terra e sull'imperatore tedesco Ottone IV di Brunswick, iniziando seriamente a pensare alla propria unificazione nazionale.

Quella fu una battaglia storica, la prima tra monarchie cattoliche. La sconfitta inglese comportò addirittura che la corona dovette accettare la prima Costituzione democratica del mondo moderno: la *Magna Charta Libertatum* (1215) e nel 1258, con le Provvisioni di Oxford, il primo

Parlamento europeo, diviso in Camera Alta (nobiliare) e Camera Bassa (borghese).

La dinastia Lancaster cercò di trasformare l'Inghilterra da paese agricolo-feudale a borghese, senza però riuscirvi, anche perché proprio sotto questa dinastia scoppiò, per motivi formalmente dinastici, la guerra dei Cent'anni (1337-1453) contro la Francia, la quale ebbe la meglio, cacciando definitivamente gli inglesi dal proprio territorio.

Dopo questa guerra la Francia cercò, a partire dal 1494, di occupare il nostro Mezzogiorno, che nel 1246 il papato aveva concesso in feudo agli Angioini per eliminare gli Svevi, e che era stato loro sottratto dagli Aragonesi, chiamati dai siciliani durante la guerra del Vespro (1282-1302), poi dilagati in tutto il Mezzogiorno sino alla vittoria definitiva a Napoli nel 1442.

Tuttavia dal confronto con la Spagna, enormemente arricchitasi dopo il 1492, la Francia uscì sconfitta (pace di Cateau-Cambresis del 1559) e dovette rassegnarsi a non occupare più l'Italia sino ai tempi di Napoleone.

Dal canto suo l'Inghilterra, distrutta dalla guerra dei Cent'anni, si trovò immersa in una durissima guerra civile, detta delle Due Rose (bianca e rossa), in cui due Casati nobiliari, York e Lancaster, si distrussero a vicenda per trent'anni (1455-85), sino a quando vennero sostituiti dalla dinastia dei Tudor, la quale però, avendo scelto la riforma anglicana come ideologia e la borghesia come classe di riferimento, si trovò ben presto a scontrarsi con la resistenza dei cattolici e dei feudatari, capeggiati dagli Stuart.

La rivoluzione inglese fu durissima e lunghissima: dal 1603 al 1688, nel corso della quale i puritani calvinisti, perseguitati dai cattolici e dagli anglicani, fuggirono nell'America del Nord, ponendo le basi di quello che sarebbe diventato, dopo la seconda guerra mondiale, lo Stato più forte del mondo.

La Francia comunque non restò con le mani in mano, poiché, dopo quarant'anni di guerra civile (1559-98), immediatamente successiva alla sconfitta in Italia contro la Spagna, e che si concluse con l'Editto di Nantes, che assegnò piena libertà agli ugonotti calvinisti, decise di far scoppiare una nuova guerra, questa volta contro una Spagna strettamente alleata all'impero asburgico. È la famosa guerra dei Trent'anni (1618-48), in cui la Francia ebbe la meglio, riuscendo persino a insediare un proprio ramo, quello Borbone, sul trono spagnolo, ancora oggi esistente.

La Spagna, che aveva conquistato le terre americane in veste di paese feudale, ad un certo punto s'era accorta di non avere sufficienti mezzi contro nazioni di tipo borghese: la sua stessa flotta navale era già stata interamente distrutta da quella inglese nel 1588.

Quindi praticamente nel corso del XVII sec. si formarono in Europa due nazioni molto potenti: una sul continente, l'altra sui mari. E mentre l'Inghilterra non riuscirà mai più a conquistare militarmente l'Europa, la Francia invece riuscirà, seppur in ritardo rispetto agli inglesi, a farsi un impero coloniale di non poco conto: il ritardo peraltro venne recuperato proprio dopo la rivoluzione di fine Settecento, con cui si eliminò l'intera classe feudale.

Tutto questo per dire che le sconfitte che un paese subisce all'estero e le devastazioni procurate all'interno dalle guerre civili, di per sé non determinano affatto uno svolgimento negativo degli eventi. Anzi, i fatti hanno dimostrato che quanto più forti sono gli sconvolgimenti, tanto più è facile la transizione verso nuovi sistemi sociali. Questo perché le vecchie classi sociali subiscono un trauma da cui non riescono più a riprendersi, se non modificando radicalmente i propri comportamenti. Probabilmente la Francia ebbe bisogno di una propria cruenta rivoluzione un secolo dopo quella inglese proprio perché lo scontro tra aristocrazia e borghesia non era stato così risoluto nei secoli precedenti.

In Italia invece le guerre civili sono state molto rare e ci si è affidati di più al compromesso tra forze progressive e forze retrive. Le abbiamo avute ai tempi di Mario e Silla, che portarono all'istituzione del principato imperiale, e di nuovo nell'Ottocento per formare una nazione unita, che non a caso iniziò il proprio colonialismo in Africa, avendo creato più problemi di quanti ne aveva risolti; e poi ancora sotto il fascismo, che, non avendo risolto alcun vero problema economico, di nuovo portò all'avventura coloniale in Africa e nei Balcani; e poi ancora con la Resistenza, che portò l'Italia, tradendo se stessa, nell'alveo della democrazia formale borghese, in stile americano; e poi infine nel decennio 1968-78, ove si contestò il formalismo della democrazia parlamentare, eliminando gli ultimi residui dell'autoritarismo fascista, senza però costituire alcuna valida alternativa alle contraddizioni del capitale.

Quanto più forti sono state le guerre civili in favore della borghesia, tanto più gli Stati han cercato di espandersi all'estero, a spese di altre popolazioni e di altri Stati. Oggi una guerra civile, se davvero vuole ottenere la democrazia reale, non può più sperare di risolvere con la politica estera i problemi che non riesce a risolvere con la politica interna: scoppierebbe immediatamente una guerra mondiale.

Democrazia può soltanto voler dire una cosa: abbattere lo Stato e le sue istituzioni centralizzate. L'unico modo di realizzare la democrazia è quello di eliminare le istituzioni che la rendono formale e che presumono di rappresentarne l'idea stessa. L'unica alternativa possibile allo Stato centralista è la *comunità locale*, in cui vige la *democrazia diretta*, i bisogni della collettività vengono *autogestiti* e la proprietà dei mezzi produttivi è *socializzata*. Stato e mercato sono due obiettivi da abbattere, perché principali responsabili della dipendenza dei cittadini da realtà esterne alla loro volontà.

Ci serve una crociata

Mille anni fa la situazione sociale, economica, etica e politica era, in Europa occidentale, sull'orlo della catastrofe. La corruzione imperava ovunque. Dopo aver acquisito l'ereditarietà dei feudi maggiori, nell'877, ogni nobile si comportava, nei propri possedimenti, come un autentico despota, sapendo benissimo che nessuno avrebbe potuto impedirglielo, neppure il sovrano.

A Roma la carica di pontefice era appannaggio delle famiglie aristocratiche più influenti. Nepotismo e simonia nella chiesa non erano l'eccezione ma la regola, al punto che tra le fila del clero benedettino - uno dei maggiori proprietari terrieri - partì una riforma generale che trovò soltanto nel fanatismo dogmatico e teocratico lo strumento migliore per affrontare l'immoralità dominante.

Lo stesso papato, insieme ai Franchi, aveva completamente distrutto il valore dell'istituzione imperiale del basileus bizantino, tanto che nel 1054 decise di separarsi definitivamente dalla chiesa ortodossa, che dell'impero d'oriente costituiva la rappresentazione più significativa.

La formazione delle città italiane stava avvenendo contro la feudalità rurale, e si stava sviluppando contro qualunque prerogativa imperiale. La borghesia era disposta a scendere a patti col papato in funzione anti-imperiale, ma non amava ingerenze di alcun tipo nella propria attività affaristica.

Avversa alla grande nobiltà era pure quella piccola, che pretese l'ereditarietà dei feudi minori nel 1037 e che appoggiò lo sviluppo dell'urbanizzazione.

La progressiva abolizione del servaggio nelle campagne comportava la formazione del primo proletariato cittadino, che però era già così numeroso da non poter essere assorbito in toto dalle nascenti manifatture.

Le tensioni erano molto forti: i Comuni più grandi tendevano a fagocitare quelli più piccoli e a ridurre i contadi rurali in aree coloniali prive di autonomia economica.

Bande di pirati normanni (a nord), ungari (a est) e saraceni (a sud) infestavano buona parte dell'Europa, e, di questi, sicuramente i primi erano i più organizzati e i più feroci, tant'è che in pochissimo tempo riuscirono a conquistare la Normandia, l'Inghilterra e l'Italia meridionale, e poco mancò, a est, che arrivassero ad annettersi la Russia e Bisanzio.

Intanto dalla Persia erano giunti i Turchi Selgiuchidi, i quali, dopo aver occupato il Medio oriente, stavano minacciando, in Asia minore, quel che era rimasto dell'impero bizantino.

Quando venne in occidente la richiesta, da parte del basileus, di un aiuto militare, nessuno vi prestò ascolto, sia perché i bizantini e gli ortodossi erano avvertiti come rivali nella fede religiosa (sin dai tempi del *Filioque* introdotto nel Credo) e nel potere politico (sin dai tempi dell'incoronazione illegale di Carlo Magno), sia perché l'occidente latino non aveva possedimenti da difendere in Palestina o nell'Africa settentrionale, anche se cominciava a preoccuparsi della presenza dei Mori in Spagna, in Sicilia e in altre località ove erano approdati come pirati.

Lo spirito di crociata nacque così, come tentativo di risolvere militarmente una crisi molto grave, che si trascinava da almeno due secoli. Bisognava darsi un'ottima motivazione - è questa la offrirono i Turchi intolleranti e fiscalmente esosi -, cui se ne sarebbe subito aggiunta un'altra: la possibilità di conquistare nuove terre in Medio oriente, che anche per colpa degli ebrei deicidi - si diceva - erano da sempre tormentate (l'antisemitismo nacque proprio in occasione della prima crociata).

La soluzione dei problemi interni venne affidata alla *politica estera*. Che è, in fondo, quello che stanno facendo oggi gli americani, che dopo il crollo delle torri di Manhattan, si sono inventati un nemico internazionale, chiamato "terrorista islamico", che ha per così dire autorizzato loro a spiare il mondo intero per motivi di sicurezza e a dichiarare guerra a qualunque paese (o a minacciare di farlo) che, anche solo intenzionalmente, voglia munirsi di armi di sterminio di massa.

Gli Usa pensano di risolvere così il disastro della loro economia interna, indebitata fino al collo e corrotta quanto mai: stanno pressando tutti i paesi avanzati a muover guerra contro questo fantomatico "nemico mondiale" (che fino a ieri pareva essere il "socialismo reale"), e a farlo, beninteso, non in autonomia, ma seguendo le loro direttive strategiche.

Per convincersi a mettersi in fila dietro questi nuovi feudatari occidentali diretti verso l'"oriente", occorre soltanto che la situazione peggiori, che si acuiscano le contraddizioni e che emergano pseudo motivazioni ideali molto sentite. A tale scopo è sufficiente prendersela con qualche dittatore o movimento separatista, magari facendolo passare per "terrorista". I più forti militarmente son loro: su questo non si può avere dubbi. E loro ci dicono d'essere anche i più democratici di tutti: per questo son così odiati.

Violenza e non-violenza

La non-violenza non serve a far cadere i governi corrotti, reazionari. Una dittatura può anche ridurre il proprio arbitrio, ma lo farà solo per continuare a governare. La non-violenza non spaventa nessuno. In Sudafrica il governo razzista ha ammesso la sconfitta non perché c'era la non-violenza di Mandela, ma perché esistevano forti pressioni internazionali. Lo stesso accadde nell'India di Gandhi. I paesi capitalisti han bisogno dei mercati mondiali: non possono restare isolati, basandosi sull'autoconsumo.

Tuttavia, senza una rivoluzione vera e propria, i conflitti al massimo si attenuano, ma non si superano. È assurdo pensare che una dittatura accetti di lasciarsi superare dalla non-violenza. Anzi, in genere, accade il contrario: se all'arbitrio non si reagisce con fermezza, il potere non avrà motivo di non continuare a usarlo. La non-violenza va bene non per abbattere le dittature, ma per costruire l'alternativa dopo averle abbattute, e solo a condizione che tutti siano disarmati e che le contraddizioni fondamentali siano state risolte.

In tal senso è stato un errore gravissimo dello stalinismo sostenere che quanto più si edifica il socialismo, tanto più forte è la reazione negativa dei fautori del capitalismo. Dicendo questo, non si faceva altro che istituzionalizzare l'uso della violenza da parte del governo.

Quando si preparano le rivoluzioni armate, la non-violenza serve per dimostrare che la violenza è unicamente dalla parte del potere corrotto e autoritario. La non-violenza serve per acquisire consenso, non come criterio di strategia generale. Infatti essa è relativa: le masse rivoluzionarie non useranno violenza finché questa non verrà usata da chi le domina.

La violenza non può essere gratuita, ma solo una forma di legittima difesa. Una non-violenza ad oltranza viene predicata solo dei poteri dominanti e solo per convincere i ceti oppressi a non ribellarsi. L'ideologia della non-violenza ad oltranza impedisce qualunque rivoluzione, poiché ipostatizza un atteggiamento, prescindendo da qualunque svolgimento dei fatti. È soltanto una posizione schematica, ideologica, finalizzata a difendere i poteri costituiti.

La differenza tra rivoluzione violenta e non-violenta sta unicamente nel fatto che la prima non considera le persone individualmente responsabili del sistema che difendono. La lotta infatti è contro un sistema, non contro le persone: è una lotta di idee. Eliminare singole persone di governo significa fare del terrorismo.

Chi domina deve avere terrore di chi, soffrendo le pene dell'inferno, è pronto a ribellarsi, e certamente non lo farà da solo. È evidente che quando si ottiene un vasto consenso popolare attorno a una determinata idea di società alternativa, l'esigenza di usare la violenza, da parte di chi cerca un'alternativa, sarà minore, poiché si spera sempre che tra le persone di governo vi sia qualcuna riluttante a buttarsi in una repressione di massa, il cui esito potrebbe essere molto incerto.

Ma questo non vuole affatto dire che chi ha organizzato una rivoluzione popolare, non debba essere pronto a difenderla anche con le armi. Una rivoluzione che non si sa difendere, non vale nulla. E il potere deve capire che è giunta la sua ora: nel momento culminante dell'azione rivoluzionaria di massa non vi possono essere titubanze, tentennamenti. Sarebbe da irresponsabili indugiare nei momenti decisivi.

Non si può giocare a fare i rivoluzionari. Non si possono consegnare nelle mani della reazione migliaia o decine di migliaia di persone, nella convinzione che una grande repressione scuoterà le coscienze e indurrà gli incerti ad aderire alla rivoluzione. Sono piuttosto i dittatori ad affermare di aver bisogno di almeno mezzo milione di morti per poter sedere al tavolo delle trattative di pace.

Questi calcoli cinici e meschini, che non tengono in alcuna considerazione la vita umana, non si giustificano neanche di fronte alla peggiore dittatura e non potranno certo costituire la base su cui costruire una valida alternativa. In nessun momento l'azione rivoluzionaria può porsi in maniera contraddittoria ai fini che vuole realizzare. Il fine certamente giustifica i mezzi, ma non fino al punto da sacrificare i valori umani. Non abbiamo bisogno né di gesuiti né di machiavellici.

Fascismo e antifascismo

Se si educa l'essere umano a pensare in maniera negativa, abituandolo a osservare solo "il male del mondo", quando questo male lo toccherà in prima persona, la sua reazione sarà inevitabilmente istintiva e scomposta. Egli infatti, non essendo stato abituato a trovare le soluzioni più giuste per tutti i problemi, sarà indotto a pensare che il modo migliore per risolvere quel problema che lo riguarderà personalmente, sarà l'uso della forza o della violenza.

Ecco perché chi dispone del potere della comunicazione di massa ha una grande responsabilità: o usa i *media* in maniera educativa o li usa in maniera diseducativa. L'informazione non può mai essere neutrale, neppure quando dice di voler separare i fatti dal commento. Nel momento stesso in cui si sceglie di comunicare un fatto invece che un altro, ci si sottopone al rischio d'influenzare negativamente la psicologia delle masse.

Quando si è costantemente abituati a osservare violenze d'ogni genere (in film, telegiornali, documentari...), la gente comune (soprattutto quella meno consapevole o più qualunquista) si fa l'idea che quella sia l'unica realtà possibile e che di fronte a una realtà del genere l'unica soluzione praticabile sia quella di usare gli stessi strumenti, possibilmente con più astuzia, con meno scrupoli morali, per potersi affermare meglio e prima degli altri.

Una visione costantemente negativa delle cose parte da una concezione individualistica e disperata della vita e porta inevitabilmente a tale stile di vita. La disperazione porta alla violenza, sugli altri e anche su se stessi (quando ci si accorge di non avere più risorse).

Dobbiamo abituare gli esseri umani a *pensare in positivo*, non per illuderli che la realtà sia senza problemi, non per restare ciechi di fronte alle contraddizioni, ma per avere fiducia nelle proprie capacità, per credere nella possibilità di cambiare le cose, col contributo di tutti.

Il fascismo è sempre il prodotto di una lenta evoluzione della società verso l'accettazione dell'immoralità, della corruzione... Il fascismo non nasce perché qualcuno in particolare lo vuole. Nasce perché i tanti che, al momento opportuno, non avevano fatto nulla di positivo, si ritrovano a non avere la forza sufficiente per opporsi a un male che si presenta sempre con il volto della "salvezza".

Chiunque attende la venuta di un "messia", vive una concezione individualistica e quindi fatalistica dell'esistenza. Si attende un "liberatore" appunto perché ci si ritiene incapaci di affrontare e risolvere i problemi sociali, e anche perché si ritiene che le masse non siano in grado di risolvere alcunché, se non vengono guidate con la forza carismatica di qualcuno.

Il fascismo è la radicalizzazione dei mali dell'individualismo: è la pretesa di risolvere in maniera autoritaria le contraddizioni antagonistiche della società borghese.

Finché gli uomini non si abituano a gestire in maniera collettiva, partecipata, le risorse di cui dispongono, per risolvere i problemi che si presentano, il pericolo del fascismo sarà sempre dietro l'angolo, sia esso di destra o di sinistra. Solo le sue sembianze cambieranno, per poter ingannare le nuove generazioni (le quali s'illuderanno di non essere "fasciste" solo perché diranno di non voler ripetere gli errori del passato).

Il colmo dell'ipocrisia infatti avviene quando in nome del collettivismo o del populismo si affermano princìpi fascisti. Lo stalinismo non è forse stato un fascismo di sinistra? E il fascismo italiano non è forse nato coll'intenzione di realizzare gli ideali del socialismo? E il nazismo non si chiamava forse "nazional-socialismo"?

Ecco perché il fascismo più pericoloso non è mai quello che inizialmente si presenta per quello che è, bensì quello che si maschera dietro le sembianze dell'anti-fascismo.

Dove va il neofascismo?

Vi sono alcune analisi politiche che fanno risalire alla fine degli anni '70, con la regressione economica e l'aumento della disoccupazione, lo sviluppo considerevole del cosiddetto "neofascismo", cioè di quei gruppi estremisti di destra finanziati dai monopoli. Anche l'ondata fascista che portò Hitler al potere si formò sotto l'impatto d'una crisi economica mondiale, quella degli anni 1929-33. Di fronte all'acuta lotta di classe, la borghesia tedesca temeva di doverci rimettere. Fu appunto il grande capitale che affidò le sorti del paese a un dittatore che sapesse parlare alle masse. Non fu Hitler a impadronirsi del potere, ma il potere economico e militare a impadronirsi di lui.

Oggi i monopoli, divenuti transnazionali, sono ancora più potenti. E l'odio per il comunismo è diminuito solo perché è fallito il cosiddetto "socialismo reale".

Ma il fascismo non è soltanto la dittatura sanguinaria e terrorista dei *milieux* più reazionari della borghesia monopolista, è anche un sistema specifico di creazione di comportamenti sociali fondati sulla misantropia, il permissivismo, l'élitismo e il culto dell'aggressività, unitamente alla cieca obbedienza, alla deresponsabilizzazione dell'individuo, al fanatismo e a una disciplina di tipo "prussiano". A tal fine tutti i mezzi sono buoni: dalla demagogia sociale e nazionalista al terrorismo sino al razzismo. Soprattutto oggi ci si serve dell'idea di muovere guerre ai terroristi, ai dittatori, agli aggressori di ogni specie in nome dei diritti umani universali, avallati dall'Onu.

Le crisi strutturali che investono tutta la vita socio-economica e politica delle società capitaliste e che sono aggravate dal disfunzionamento del sistema di regolazione statale, fanno sì che intere categorie di lavoratori perdano progressivamente il loro tradizionale status sociale. Vengono meno non solo certe sicurezze materiali, ma anche determinati valori spirituali e persino molti legami sociali in cui fino a ieri si credeva. L'individuo, costretto ad adattarsi a un ritmo di vita sempre più esigente e mutevole, è soggetto a uno stress permanente, non avendo né i mezzi né le capacità per farvi fronte. Ecco perché molti vanno affermando il principio "ciascuno al suo posto"...

Non perdendo occasione di denunciare la corruzione, la concussione, il burocratismo di uno Stato parlamentare borghese indubbiamente in crisi, i neofascisti propongono come alternativa all'uomo comune (che spesso ha una coscienza piccolo-borghese) l'idea di uno Stato che serva a ristabilire l'ordine, la giustizia, ponendosi al disopra degli interessi di classe nell'interesse della nazione. L'ideologia neofascista viene presentata come un nuovo sistema di valori, un nuovo programma d'azione.

Per ridare fiducia alla piccola borghesia, seriamente scossa dalla crisi economica, gli ideologi neofascisti di vari partiti europei la qualificano col termine di "nucleo sano del popolo", "spina dorsale dello sviluppo sicuro della nazione", ecc. Alla piccola borghesia i neofascisti promettono una piena libertà d'impresa; ai piccoli e medi produttori giurano che li difenderanno contro l'arbitrio dei monopoli; ai piccoli commercianti che li preserveranno dalla concorrenza "antisociale" delle grosse società commerciali; ai medi imprenditori e commercianti promettono un calo delle imposte, sbocchi maggiori per i prodotti; agli scrittori e agli artisti assicurano la possibilità di consacrarsi interamente all'arte e alla letteratura. La demagogia neofascista sa tener conto della specificità dei diversi strati della piccola e media borghesia. Persino agli operai garantiscono giusti salari e piena occupazione.

Il neofascismo fonda le sue speranze di successo sul fatto che, a motivo della crescente crisi economica capitalistica, milioni di giovani si trovano già da oggi in "esubero". Per i prossimi anni, a seguito della forte ristrutturazione tecnologica, gli effetti saranno devastanti: la disoccupazione massiccia diventerà cronica e non più solo ciclica o congiunturale. Il terziario non può espandersi all'infinito, specie se gli imprenditori, invece di reinvestire in modo produttivo, si limitano a sfruttare i capitali solo in modo finanziario, accorpando o assorbendo altre attività economiche deficitarie o incapaci di reggere la concorrenza. Oggi poi delocalizzare l'impresa produttiva è diventata quasi una necessità impellente.

Sin dall'inizio degli anni '80, nei paesi dell'Europa occidentale i giovani al disotto dei 25 anni rappresentavano il 40% dei disoccupati. In Gran Bretagna un disoccupato su tre ha meno di 24 anni. Appena terminata la scuola più di 200.000 giovani inglesi, ogni anno, vanno a ingrossare le file dei disoccupati: di questi si sa a priori che uno su cinque non troverà mai un impiego stabile e redditizio. Nei quartieri poveri (gli slum) delle grandi città la disoccupazione tocca oggi l'80-90% dei giovani. In Spagna, nel 1987, il 75% dei giovani aventi un'istruzione superiore risultava senza lavoro. Negli Usa quasi la metà dei giovani neri è inoccupata.

Nei paesi capitalisti d'Asia la situazione non è più brillante: in Thailandia i giovani costituiscono il 60,4% dei disoccupati; a Singapore il 56,9%; nelle Filippine il 54,9%; nel Sudcorea il 46,7%. Gli ambienti neofascisti sanno benissimo che questi giovani, se orientati in un certo modo, potranno aderire con relativa facilità alle organizzazioni fasciste. In particolare la demagogia fascista gioca sui sentimenti di solitudine, di angoscia e disperazione, intensificando la propaganda soprattutto fra gli studenti. E i risultati di questo intenso lavoro già si fanno sentire: nei paesi euroccidentali le organizzazioni fasciste e filofasciste raggruppano più di 330.000 giovani.

A questi giovani da tempo si vanno unendo criminali di professione, declassati pronti a tutto. Le statistiche ufficiali sui neonazisti li classificano nella categoria dei giovani: in realtà essi fanno già parte del lumpen-proletariato al soldo di organizzazioni fasciste. Nella città tedesca di Duisburg il partito neonazista Npd ha presentato alle elezioni municipali due noti criminali. Uno dei responsabili dello stesso partito tentò a Braunschweig di svaligiare una banca. Il partito fascista nipponico, diretto dal vecchio terrorista Akao, è prevalentemente composto di delinquenti professionisti. Anche in Portogallo esistono organizzazioni di questo genere. Lo sfruttamento dei marginali a fini terroristici ed eversivi è proporzionale all'aumento numerico degli stessi marginali che si lasciano coinvolgere in questi movimenti.

Gli ambienti militari di estrema destra appoggiano più o meno segretamente questi gruppi, finanziandoli, addestrandoli, deviando le indagini della magistratura su di loro. Tali ambienti sono sempre più ansiosi di smantellare definitivamente il movimento operaio e di scatenare una guerra contro il socialismo ancora rimasto in piedi, o contro la Russia, a motivo delle sue enormi risorse. Tutti gli scandali che in questi ultimi anni li hanno visti coinvolti (dalla P2 ai servizi segreti deviati sino alla strage di Ustica) non hanno fatto altro che acuire il desiderio di farla finita una volta per tutte sia col socialismo che con la democrazia borghese formale. Molti generali sono pronti per il colpo di stato. La stessa volontà di emanare leggi sempre più repressive (vedi ad es. quella sulla droga o quella sull'immigrazione) è appunto indicativa della necessità del capitale di avere un governo forte che lo rappresenti, molto esecutivo e poco parlamentare.

Esistono partiti e organizzazioni fasciste sparse in tutto il mondo: apparentemente sembrano poco influenti, data l'esiguità del numero dei loro militanti, rispetto alle forze democratico-borghesi o anche alle stesse forze di sinistra, ma gli appoggi governativi e statali di cui godono sono vastissimi. Nato e Cia li finanziano abbondantemente: si pensi al Movimento Sociale in Italia (ora sostituito da vari gruppi), all'Unione Nazionale in Grecia, al Movimento nazionalista in Turchia. In Francia il Fronte Nazionale è attivissimo: Le Pen, il suo leader, non fa che osannare Hitler e Pinochet. In Spagna la Nuova Forza, l'Alleanza apostolica anticomunista, la Solidarietà spagnola, la Gioventù nazional-rivoluzionaria sono finanziate esplicitamente da potenti gruppi come la Confederazione spagnola degli imprenditori, il Banco Atlantico, il Banco Union... In Germania chi "paga" sono i consorzi e i miliardari come F. Flick, G. Quandt (parente di Goebbels), la grossa società chimica BASF; in Svezia il milionario Carlberg; in Giappone, Yasuda; in Portogallo, il banchiere Esperiti Santo e il monopolista Mello; negli Usa i magnati della finanza Heritage Foundation. Alcune delle organizzazioni fasciste (ad es. i cosiddetti "lupi grigi" turchi), sotto pressione delle masse e dell'opinione pubblica mondiale, sono state sciolte, ma solo formalmente. Intanto, a livello internazionale, opera una forte Lega anticomunista semi-clandestina.

Tutti costoro hanno profondamente in odio il movimento pacifista e la tendenza al disarmo delle superpotenze. Nel contesto della crisi che scuote la società borghese, il loro programma terzoforzista (fra capitalismo monopolistico-statale e socialismo) di costruire una società "sovraclassista" può avere un certo successo.

Sulle follie di massa

La follia più pericolosa è quella che si ammanta dei crismi della ragione (il fascismo, p.es., diceva di voler realizzare gli ideali del socialismo e il nazismo si chiamava "nazional-socialismo"), cioè è la follia che cattura le masse con la propaganda (il fascismo come movimento, come esperienza concreta di liberazione), è quella che, infine, ha un potere costrittivo (il fascismo come regime, come feroce dittatura). Non è la follia del singolo che fa paura, ma quella della società strumentalizzata dagli intellettuali, a loro volta strumentalizzati dal capitale o vittime delle ideologie.

La follia di massa si forma quando, per l'illusione di credere che, in ultima istanza, trionfa sempre la ragione, non si sono volute prendere, al momento opportuno, le misure adeguate per risolvere determinati fattori di crisi. Il torto di lasciar correre, fidando nelle istituzioni, non ha fatto altro che favorire l'accumulo delle contraddizioni e, di fronte alla sempre più palese impotenza delle istituzioni, si è deciso di reagire istintivamente. Così è nato il fenomeno delle Leghe (come ieri quello del fascismo).

Il sistema tende a promuovere o a tollerare le follie di massa (p.es. la guerra contro l'Irak, il fenomeno dei naziskin, la violenza negli stadi ecc.) anche per nascondere, agli occhi dei cittadini, la propria irreversibile crisi. Generalmente, quando la crisi del sistema è appena agli inizi, le follie di massa vengono temute dal sistema (si pensi ad es. al terrorismo), ma quando la crisi del sistema è profonda, le follie di massa vengono alimentate (direttamente, come ad es. con il consumismo sfrenato, o indirettamente, come ad es. coll'inerzia con cui si combatte la mafia o il neo-fascismo), proprio perché si spera di poter ricontrollare la situazione facendo appello a leggi speciali. Con l'introduzione di queste leggi, molte libertà democratiche verranno coartate, se non eliminate. Si crea così il clima favorevole alla dittatura. Ad un certo punto infatti si affermerà che le leggi repressive non bastano, che occorrono misure di forza più energiche, ecc.

L'indifferenza, nei confronti delle follie di massa, viene usata dal sistema non solo quando esso sa di non avere i mezzi democratici per superare la propria crisi strutturale, ma anche quando aspira a giocare, in ultima istanza, la carta dell'autoritarismo. Solo che per giocare tale carta il sistema ha bisogno dell'indifferenza dei progressisti e della follia delle masse ignoranti, che si lasciano strumentalizzare. La dittatura infatti non è cosa che si possa imporre senza incontrare resistenze di sorta.

Se l'opposizione sceglie l'indifferenza, lo fa in genere per due ragioni: o non sa come risolvere concretamente le contraddizioni del sistema (era la posizione del liberalismo crociano), oppure spera di poterle risolvere solo dopo che esse, da sole, hanno portato il sistema al crollo (era la posizione del socialismo riformista).

Origini psico-sociali del fascismo

Nei paesi capitalisti, quando le crisi sistemiche raggiungono punte tali da non permettere più alla borghesia il tranquillo governo dei propri interessi privati, normalmente si fanno strada teorie che da un lato sono populistiche, in quanto dicono di rifarsi alla volontà popolare, e dall'altro sono autoritarie, in quanto, di fatto, si servono della volontà popolare per affermare una dittatura di tipo fascista.

Queste teorie ottengono in maniera relativamente facile il consenso di quegli strati sociali che non sanno farsi valere nei periodi di crisi, né in senso democratico, cioè trasformando l'individualismo anarchico in una democrazia popolare autentica, né in senso borghese, non avendo forze o capacità sufficienti per realizzare un proprio business o per assumere ruoli istituzionali di rilievo.

Ai suoi esordi, il fascismo ha bisogno dell'appoggio di masse incapaci non solo di vero spirito imprenditoriale ma anche di autentico senso democratico. Il fascismo è in grado di garantire, da un lato, l'illusorietà di una vera democrazia economica, e dall'altro l'illusorietà di un'appartenenza di popolo. L'individuo isolato, di scarsa iniziativa imprenditoriale o di debole consapevolezza critica, si sentirà maggiormente protetto da quel partito autoritario che governerà per lui.

A questo punto è facile rendersi conto che la democrazia parlamentare è solo un intralcio alla realizzazione delle idee fasciste. Essa non è sufficientemente demagogica, in quanto non permette un contatto diretto, immediato, con le masse.

Paradossalmente il fascismo afferma una democrazia più *diretta* di quella borghese-parlamentare, ma, proprio perché si tratta di "fascismo" e non di "parlamentarismo", il rapporto con le masse viene ad essere vissuto in modo ancor più strumentale.

Il fatto è purtroppo che in occidente siamo talmente abituati agli eccessi dell'individualismo, che ogni manifestazione di partecipazione democratica si presenta viziata da una falsità di fondo, che è tanto più accentuata quanto più si cerca di far leva sul consenso popolare.

Le civiltà pre-antagonistiche vivevano il collettivismo con più naturalezza e, in tal senso, anche con più ingenuità. Ancora non conoscevano le doppiezze e le astuzie della personalità individualistica, la cui ampiezza e profondità è notevolmente aumentata da quando è stata adottata l'ideologia ebraico-cristiana. La persona era tale solo se si considerava parte di un tutto, al di fuori del quale non era nulla. Anche oggi le dittature dicono la stessa cosa, e lo dicevano persino l'idealismo filosofico oggettivo di Hegel e Gentile, ma il riferimento alla "totalità" riguarda un mostro che di umano non ha nulla: lo Stato.

Avendo puntato tutto sulla valorizzazione del singolo proprietario, l'occidente borghese, ogniqualvolta ha tentato di recuperare lo spirito collettivistico, non ha fatto altro che generare forme disumane di convivenza. Sotto questo aspetto il "socialismo reale" va considerato come una forma di individualismo politico innestata in un territorio avente tradizioni collettivistiche. I fatti hanno dimostrato che non è possibile recuperare lo spirito del collettivismo misconoscendo tutte le caratteristiche delle civiltà pre-antagonistiche.

Conclusione

Le crisi andrebbero guardate in maniera favorevole, non come fanno i politici, che ne parlano (peraltro di continuo) solo allo scopo di giustificare la loro necessità di esistere, di governare per gestire appunto le crisi (risolverle sarebbe già una pretesa eccessiva). Per non parlare di quei politici che stanno all'opposizione solo per dimostrare che il governo non è in grado di superare alcuna crisi (sicché la minoranza fa di tutto perché la maggioranza non sia capace di nulla).

Questo gioco delle parti (il famoso "teatrino della politica") è funzionale soltanto alla sopravvivenza di un ceto sociale privilegiato, il quale non potrebbe mai ammettere che le crisi vanno considerate utili per superare un sistema in cui la politica fine a se stessa andrebbe abolita. D'altra parte s'è mai visto un politico "istituzionalizzato", integrato nel sistema, capace d'interpretare la crisi come occasione per superare il privilegio che fa di lui un cittadino separato dagli altri, sulla testa del quale le crisi (economiche) hanno un impatto infinitamente minore?

Se esistessero politici avveduti e lungimiranti, dovrebbero esser loro i primi a dire al paese che questo sistema di vita è soltanto autodistruttivo, per cui le crisi non gli sono congiunturali ma strutturali. Se un politico avesse la percezione che gli antagonismi che viviamo (tra uomo e uomo, tra uomo e donna, tra uomo-donna e natura, tra uomo-donna occidentali e resto del mondo) non sono risolvibili in maniera definitiva nell'ambito di questo sistema, farebbe proposte per uscire non semplicemente dalle crisi bensì dallo stesso sistema.

Ora, siccome il sistema nasconde le proprie assurdità dietro miraggi, ipocrisie e vuote promesse, l'unico modo perché la gente si renda conto d'esser cieca guidata da altri ciechi, è quello di sperare che le crisi siano sempre più gravi. In fondo le rivoluzioni sono state fatte proprio nei momenti in cui la vivibilità aveva raggiunto livelli incredibilmente bassi.

Dunque, quando si parla di "autoconsumo" non bisogna illudersi che il sistema possa tollerare al proprio interno un'alternativa così radicale alla dipendenza dal mercato (il quale oggi, peraltro, è sempre meno controllabile, in quanto globalizzato al 100%). Eppure, andando avanti di questo passo, l'autoconsumo sarà inevitabilmente un'idea da riconsiderare, proprio come fecero i Romani durante la gravissima crisi del III sec. o come fecero i socialisti utopisti quando videro le devastazioni prodotte dal neonato capitalismo industriale nelle città e nelle campagne.

Bisognerebbe però parlarne, almeno astrattamente, prima che si compiano le rivoluzioni, onde evitare che ci si arrivi concretamente dopo aver sparso fiumi di sangue. In Urss, durante i 70 anni di socialismo reale non se ne parlò mai, e infatti oggi ne vediamo le conseguenze: sono passati da un socialismo da caserma a un capitalismo selvaggio, in cui lo Stato presume di poter svolgere un ruolo "super partes".

In questo momento riusciamo, al massimo, a istituire delle *cooperative*, aventi come scopo precipuo quello di garantirci una certa *autosufficienza alimentare*. Di più è davvero impossibile fare. Si pensi infatti che "autoconsumo" può anche voler dire indurre le imprese di un determinato territorio a produrre anzitutto per *soddisfare bisogni locali*, prima che quelli nazionali o mondiali. Può anche voler dire *passare direttamente dal produttore al consumatore*, saltando la filiera dei 40 ladroni che speculano senza far nulla, impongono i prezzi che vogliono, hanno il vantaggio di far pagare l'iva dei loro prodotti all'acquirente, che è sempre la parte più debole, e si lamentano quando c'è la deflazione.

Autoconsumo può senz'altro voler dire cercare anzitutto di *utilizzare al meglio le risorse del proprio territorio*, accedendo a quelle esterne solo in casi imprescindibili (in Italia p.es. dovremmo puntare molto di più sul sole che non sul petrolio).

Può anche voler dire, p.es., *finalizzare gli studi scolastici e universitari alla valorizzazione di queste risorse locali*, eliminando tutta quella formazione astratta e accademica che non ha una ricaduta diretta o indiretta su detta valorizzazione.

I programmi ministeriali andrebbero sostituiti con quelli decisi dalle *comunità locali* (cioè dagli *Enti Locali Territoriali*, che sono sicuramente molto più efficienti del nostro Ministero e che meriterebbero di gestire direttamente le nostre tasse).

Insomma quanto meno forte è la gestione verticistica della società, tanto meglio sarà per tutti.

Bibliografia su Lulu

www.lulu.com/spotlight/galarico

- Cinico Engels. Oltre l'Anti-Dühring
- Amo Giovanni. Il vangelo ritrovato
- Pescatori di uomini. Le mistificazioni nel vangelo di Marco
- Contro Luca. Moralismo e opportunismo nel terzo vangelo
- Arte da amare
- Letterati italiani
- Letterati stranieri
- Pagine di letteratura
- L'impossibile Nietzsche
- In principio era il due
- Da Cartesio a Rousseau
- Le teorie economiche di Giuseppe Mazzini
- Rousseau e l'arcantropia
- Esegeti di Marx
- Maledetto capitale
- Marx economista
- Il meglio di Marx
- Io, Gorbaciov e la Cina (pubblicato dalla Diderotiana)
- Il grande Lenin
- Società ecologica e democrazia diretta
- Stato di diritto e ideologia della violenza
- Democrazia socialista e terzomondiale
- La dittatura della democrazia. Come uscire dal sistema
- Etica ed economia. Per una teoria dell'umanesimo laico
- Preve disincantato
- Che cos'è la coscienza? Pagine di diario
- Che cos'è la verità? Pagine di diario
- Scienza e Natura. Per un'apologia della materia
- Siae contro Homolaicus
- Sesso e amore
- Linguaggio e comunicazione
- Homo primitivus. Le ultime tracce di socialismo
- Psicologia generale
- La colpa originaria. Analisi della caduta
- Critica laica
- Cristianesimo medievale
- Il Trattato di Wittgenstein

- Laicismo medievale
- Le ragioni della laicità
- Diritto laico
- Ideologia della Chiesa latina
- Esegesi laica
- Per una riforma della scuola
- Interviste e Dialoghi
- L'Apocalisse di Giovanni
- Spazio e Tempo
- I miti rovesciati
- Pazìnzia e distèin in Walter Galli
- Zetesis. Dalle conoscenze e abilità alle competenze nella didattica della storia
- La rivoluzione inglese
- Cenni di storiografia
- Dialogo a distanza sui massimi sistemi
- Scoperta e conquista dell'America
- Il potere dei senzadio. Rivoluzione francese e questione religiosa
- Dante laico e cattolico
- Grido ad Manghinot. Politica e Turismo a Riccione (1859-1967)
- Ombra delle cose future. Esegesi laica delle lettere paoline
- Umano e Politico. Biografia demistificata del Cristo
- Le diatribe del Cristo. Veri e falsi problemi nei vangeli
- Ateo e sovversivo. I lati oscuri della mistificazione cristologica
- Risorto o Scomparso? Dal giudizio di fatto a quello di valore
- Cristianesimo primitivo. Dalle origini alla svolta costantiniana
- Le parabole degli operai. Il cristianesimo come socialismo a metà
- I malati dei vangeli. Saggio romanzato di psicopolitica
- Gli apostoli traditori. Sviluppi del Cristo impolitico
- Grammatica e Scrittura. Dalle astrazioni dei manuali scolastici alla scrittura creativa
- La svolta di Giotto. La nascita borghese dell'arte moderna
- Poesie: Nato vecchio; La fine; Prof e Stud; Natura; Poesie in strada; Esistenza in vita; Un amore sognato

Indice

www.ingramcontent.com/pod-product-compliance
Lightning Source LLC
Chambersburg PA
CBHW061353250726
48657CB00004B/1471